北京城市治理研究基地学术文库

经济法风云录

现代经济法历史和逻辑考察

荣国权 / 著

The Journey of
Economic Law

A Historical and Logical Review of Modern Economic Law

图书在版编目（CIP）数据

经济法风云录：现代经济法历史和逻辑考察 / 荣国权著. -- 北京：华夏出版社有限公司，2021.6
ISBN 978-7-5222-0102-3

Ⅰ.①经… Ⅱ.①荣… Ⅲ.①经济法－法制史－研究－中国 Ⅳ.①D922.290.2

中国版本图书馆CIP数据核字（2020）第270704号

经济法风云录：现代经济法历史和逻辑考察

著　　者	荣国权
责任编辑	张　平
出版发行	华夏出版社有限公司
经　　销	新华书店
印　　刷	三河市少明印务有限公司
装　　订	三河市少明印务有限公司
版　　次	2021年6月北京第1版 2021年6月北京第1次印刷
开　　本	720mm×1000mm　1/16
印　　张	13.75
字　　数	185千字
定　　价	49.00元

华夏出版社有限公司　地址：北京市东直门外香河园北里4号　邮编：100028
网址：www.hxph.com.cn　电话：（010）64618981
若发现本版图书有印装质量问题，请与我社营销中心联系调换。

推荐序

经济法基础理论研究是一项很不容易的工作。自改革开放以来，中国法制建设逐渐拉开序幕，部门法的构建也随之开始，各部门法学的筹建成为当务之急，法学教育工作就在这样的历史背景下展开。学界对经济法的性质和地位问题从一开始就产生争议，对其与民商法、行政法的关系的认识也充满了分歧，在这样的理论背景下经济法教学工作努力开展。荣国权于1995年考入郑州大学经济法专业，从那时起，我就希望其将来能在基础理论上有所研究，只是知道其中的难度非同一般，必须有持久耐磨的学术韧劲。经过二十多年的积累与坚持，终于看到其对当年学术课堂的消化吸收和深入阐释。

本书对经济法基础理论所涉及的基础问题都有回应，并且深入到经济和法律的历史细节中，通过考证的方法详细论证每一个命题，对经济法理论界关注的若干重要问题都有明确的判断，这在经济法理论研究上有很大的进步。这部著作抓住了历史和逻辑两条主线，贯穿着历史考证和经济学方法，更大的亮点在于将马克思主义理论自然地融入经济法哲学中，并且用历史考证的内容充实了这种联系的必然性，这在研究中是一种创制，有其独到的研究思路。在中国市场经济体制不断完善的进程中，对法律现象的准确解释有助于人们对法律的学习和利用，基础理论的研究就能很好地实现这个目标。本书就是一次很有益的尝试，其写作体例也新颖，将现代经济法起源于德国和美国的命题用丰富的历史画面展示出来，以风云录的形式记载下来，与一般的理论著作体例有所区别，可能更受读者青睐！

萧乾刚

2020年5月于深圳

前　言

《经济法风云录——现代经济法历史和逻辑考察》一书的写作思路由来已久。从1995年开始从专业角度接触、学习经济法学，我初步的感受是新鲜、兴奋，因为想到自己能专业地学习与经济密切相关的法律学知识，在市场经济刚刚拉开大幕的时代，是一件多么值得自豪的事。可是，随着学习的深入，我开始感到迷茫，一切与刚开始的感受都不一样，经济法学居然需要拼命论证自己的存在，而反对意见此起彼伏，尤其是参加学术会议之后感受就更加强烈了。但既然选择了远方，就必须义无反顾，风雨兼程。在教学岗位上承担了经济法学的骨干课程后，压力就更大了，因为我时刻需要给困惑的学生们讲授经济法能够成为独立法律部门的道理，讲授经济法包括哪些法律，讲授经济法与其他部门法的区别，每当此时即感觉到了底气不足，深度不够，尤其是历史和逻辑的证据难以有机统一，于是我开始了漫长的探索与思考。在参加各类经济法学的研讨会时，我常提出，如果我们的经济法理论不能被我们的本科生和研究生理解和接受，那么我们的理论被广泛质疑就顺理成章。因此，我就按照这个标准在教材、教案和讲台之间一遍又一遍地讲授、思考与研究，积累了二十五年，终于感觉到理出了一些思路。我及时地将它们推入课堂，经过实践检验，很多思路被学生们理解并接纳。我的底气主要来自学术考证的方法，因为我知道，只有扎实的考证，学术观点和见解才有支撑，法学也不例外。本书的思路就是既要考察经济法的整个历史，还要考察现代经济法的历史，还要结合立法、司法和执法等法学应用的实践范畴，结合哲学、政治学、经济学的理论演变，综合考证它们的逻辑和历史联系，再加上多年来积累的经济法基础理论研究成果，最后形成了这部小册子。虽然尽了最大努力，但终究因本人才疏学浅，很多想法可能难成体系，很多观点可能存在诸多漏洞，希望学界同仁和经济法学的同学们批评指正，不吝赐教，共同为我们可爱的经济法学专业增砖添瓦，努力构建经济法学理论大厦。

本书只涉及了经济法学的一些入门基础问题，还有很多更加复杂的理论和方法问题需要深入研究，在今后的写作中我将继续坚持。很多学术同仁在半道上就离开了经济法基础理论研究，或搞热门研究，或从事实务，但经济法基础哲学工作必须有人来做，看到很多同仁不断推出经济法学理论新作，我的信心不断增强。这就是前仆后继的研究精神，鼓励着一代又一代的经济法学人不断向前冲。

目录 CONTENTS

上篇　经济法的历史探源 / 001

第一章　经济法与部门法分类的历史考证 / 003
第二章　经济法专门化立法在德国的产生与发展 / 023
第三章　经济法专门化法律在美国的产生与发展 / 048
第四章　经济法在日本的产生 / 078
第五章　经济法在苏联与东欧的产生 / 091
第六章　经济法在中国的产生 / 103

中篇　经济法的逻辑 / 113

第七章　"契约的死亡"与竞争法（民法的变迁）/ 115
第八章　扭曲的营业自由与竞争法（商法的变迁）/ 126
第九章　自由经济学的理念与资本主义 / 136
第十章　国家主义与干预经济 / 144
第十一章　马克思主义的"幽灵"与法律社会化 / 156
第十二章　计划经济的魔力与资本主义的拯救 / 160

下篇　法律进化与经济法的神秘面纱 / 165

　　第十三章　进化中的经济社会与法律秩序的变革 / 167

　　第十四章　市场监管与经济法"帝国主义" / 173

　　第十五章　部门法的逻辑与经济法现代化 / 187

　　第十六章　中国的改革开放与经济法的世纪难题 / 199

上 篇
经济法的历史探源

在这一篇中本书主要对经济法的历史进行考察,从部门法分类的原理出发,深入考证经济法的思想渊源,以在纷繁复杂的历史片段中寻找到解读经济法的钥匙,为争论不休的经济法概念开辟一块理论园地,夯实经济法的理论基础。社会主义理论与资本主义思想曾经共同塑造了近现代法律思想体系,但是长期以来,很多人习惯戴有色的意识形态眼镜来对待这两类思想体系,殊不知,是它们的共同作用才塑造出了现代经济法。

第一章　经济法与部门法分类的历史考证

本章摘要

本章主要探讨部门法分类出现的历史背景和部门法分类的法律学意义，分析部门法分类的原理及对立法、法律实施的价值，探索部门法分类理论存在的争议及原因，展望部门法思想的发展方向及特征。

一、经济法的世纪之争

在 20 世纪初，两个概念的横空出世打破了人们对 19 世纪形成的法律结构的认识，它们就是"经济法"与"社会法"。尤其是"经济法"，它的出现引起了法律界长时间的争论，从西方到东方，从 20 世纪初到 21 世纪初，跨越百年，形成世纪之争。在中国，这种争论更是激烈，至今并没有缓和的迹象，相反，还有愈演愈烈之风。部门法之间"划地盘"的争论在不停地上演，影响着立法、司法、执法、法学教育、法学研究和法律概念。民商法与经济法、行政法与经济法的关系是非常敏感的问题，纵横交错的社会关系与行为规范分类使学习、使用法律的人感到迷惑。理论上的研究往往与实际的用法差距很大，经济法的教材中总论的逻辑与分论的关系也往往存在着无法紧密联系的情况，使得其他部门法的研究者认为"经济法"根本就不是一个法律部门。在经济法学界内部也存在着激烈的争议，"经济行政法"就认为经济法是行政法的一个分支而已。现代经济法在产生的时候就有自己明确而独立的调整对象。反垄断法中最鲜明的调整对象就是契约自由原则下的很多合同关系被转化为侵权关系，有的被转化为行政法上的经济关系，还有的被转化为犯罪关系，自由选择的契约法律关系转化为法定的侵权关系或公法上的调整对象，这就是现代经济法立法的开端。古代经济法也存在这种情况，但是却没有系统、专门化的立法。古代经济法未经历过民主、法治、自由、平等等近现代革命观念影响下的私法自治、契约自由环境，因此其对国家干预市场的要求不同，希望干预的幅度、方式、方法不同，采用的法律形式与立法程序也非常不一样。但即使如此，古代经济法也有自己的独立调整对象，现代经济法更是如此。法律的发展演变有一个过程，从极端自由主义影响下的近代私法与垄断企业的冲突开始，市场机制逐渐衰弱，社会冲突与各种纠纷难以在私法发达的体制中得到解决，矛盾不断累积，社会秩序日益混乱。为突破这种困境，各种思想、理论、判例、执政及立法的尝试层出不穷，新的法律现象不断出现，逐渐演变成今天的法律格局，在近代法律架构的基础上产生了现代经济法与现代社会法。

在德国，据说1906年德国学者瑞特（Ritter）在《世界经济年鉴》中使用了"经济法"这一名词，用来说明与世界经济有关的各种法规，但这一表述并不具有严格的学术意义。第一次世界大战开始时，德国政府为了适应战争的需要，加强对重要物资的控制，颁布了大量的法规。1910年颁布了《钾矿业法》；1914年8月帝国议会通过了14项战争经济法规，其中最重要的是《授权法》，授权参政院在战争期间准予"发布对于防止经济损害所必要的措施"；继之又颁布了《关于限制契约最高价格的通知》（1915）、《确保战时国民粮食措施令》（1916）等。战败后的德国，为了摆脱经济上的困境，制定了一些重要的产业统治法和卡特尔法，如《煤炭经济法》（1919，世界上第一个以经济法命名的法规）和《防止滥用经济权力法令》（1923）等。这些法规表现为行使国家权力直接干预和操纵经济，试图把实施社会化政策同保护私有财产制度、契约自由原则结合起来。这些法律的出现引起了法学界的重视。一些学者认为，这些法律即是经济法，经济法学成为法学中的一门新的学科。

由于德国从一开始所走的经济发展道路就与英国自由资本主义截然不同，因此出现了与私法自治、契约自由法律原则完全不符的立法。例如：俾斯麦时代，受国家社会主义思想的直接影响，利用国家的力量支持自由资本主义发展的法律；为了提高德国的工业生产能力，出现了对资源和自由市场有选择地进行社会化、国有化的法律。这些法律引起了德国学者的强烈关注，因为它们打破了19世纪初形成的"六法"结构。1920年前后，德国法学界的一批学者对德国第一次世界大战前后制定的这类法律进行了集中研究，并取得了大量成果。比如：鲁姆夫的《经济法和经济法学者》(1920)、卡斯凯尔的《法律和经济》(1921)、阿·努斯鲍姆的《德国新经济法》(1922)、卡伊拉的《新经济法的社会组织理论》(1922)、哥特斯密特的《帝国经济法》(1923)、拉德布鲁赫的《法学导论》(1929)等相继出版，就经济法概念、经济法调整与适用、地位、经济法的现代法精神等诸多问题进行了研究，并提出了诸多理论和学说，一直到第二次世界大战后，在西方法学界引发了巨大的争议。主要有努斯鲍姆的集成说，哥特斯密特的经济组织法，卡斯凯尔的企业者法说，赫德曼的世界观说和法学研究的社会学方法的见解，舒曼等人的经济统制理论，胡贝尔的冲突法说，尼佩代的机能法说，施密特－林普勒的经济总体关系说，施乐普的经济协调法说，林克的经济指导管理法说，施泰因多夫的经济政策工具说。[1]

日本在德国的影响下，抛开了英美自由市场体系与资本主义的法律影响，为了集中国家的力量迅速发展资本主义，追赶英、美、法、德等强国，颁布了一系列扶持私人资本主义发展的法令。第一次世界大战期间，日本虽处于战局之外，却是参战国的物资供应市场，这为日本国内工业的发展带来

---

1. 于维君. 经济法的历史合理性研究 [M]. 北京：法律出版社，2014：12-16.

了契机。为适应战时需要，保护经济的继续发展，日本政府一方面采取了强权的战时经济统制，如大正三年（1914）制定的《有关战时工业原料出口取缔事宜》，大正六年（1917）制定的《黄金出口禁止令》和《战时船舶管理令》等；另一方面又对与战争有关的产业采取特殊的保护措施，如《军需工业动员法》《战时海上保险法补救法》《染料医药制品奖励法》等。第二次世界大战爆发后，日本社会又进入了所谓的战时经济时期，日本政府重操战时经济统制政策，颁布了《国家总动员法》，以保证人力、物力资源投入战争，同时还颁布了各种战时临时经济统制法令。日本经济法崛起并快速发展，经济法学研究也蓬勃发展，涌现了一批著名的经济法研究学者和著作，如金泽良雄的《经济法概论》、丹宗昭信的《经济法入门》等，在日本掀起了研究经济法的热潮。池菊勇夫提出了对象说，田中二郎提出了统制经济法说，还认可经济法否定说，这主要是在第二次世界大战前，战后又出现了金泽良雄说、高田源清说、正田彬说、丹宗昭信说、今村成和说等学说。[1]

在意大利，这个后进的资本主义国家也不肯被英法的自由主义所忽悠，而是早早地接受了国家主义或者国家干预主义，利用国家力量支持私人资本主义快速崛起。"意大利在统一（1861）之后的头几年就建立了扶助私人企业的制度（包括补贴、无利息预支、融资优惠等），光是在海上运输方面，通过1861、1877、1893年的《航海协定》以及1885年的立法措施，对邮政运输的补贴就变得更为迅速"[2]，而这一点直接受到普鲁士和统一后的德国的影响。

在苏联，"十月革命"的胜利和计划经济的横空出世，使得陷入经济大萧条的资本主义国家目瞪口呆，拼命地考察、学习这种新经济体制的优势。而苏联在此时出现了经济法思想。例如，"早在1922年《苏俄民法典》公布

---

1. 于维君. 经济法的历史合理性研究 [M]. 北京：法律出版社，2014：15-18.
2. （意）卡尔卡诺. 商法史 [M]. 贾婉婷，译. 北京：商务印书馆，2017：159.

之后不久，当时一些有影响的法学家或者把民法看成是经济法的同义语，或者把民法包括在经济法的概念内。例如，曾经积极参加了民法典制定工作的著名民法学家伊戈赫巴尔格，在其《苏俄经济法》(1923年版)一书中，就把民法视为经济法的同义语"[1]。

20世纪20年代末，斯图契卡提出"两成分法"理论，即把苏联调整经济关系的法律分为民法和经济行政法，认为将来经济行政法逐渐取代民法。该理论开了部门经济法主张的先河。30年代中期，金茨布尔格、帕舒卡尼斯等人又提出"战前经济法主张"，建议颁布专门的苏联经济法典，企图全面取代民法典，后遭到批判。此后，苏联经济法的主张中断了近20年。50年代末，苏联又产生了新的经济法学派，杰出代表就是拉普捷夫、马穆托夫提出的战后经济法主张，又被称为现代经济法学派，主张经济法是一个调整经济关系的独立的法律部门，明确了经济法所调整的社会关系的"纵横统一说"，但是仍然遭到了民法学、行政法学派的强烈反对。尤其是60年代苏联立法机关否定了以经济法单独调整国民经济的建议而颁布了《民事立法纲要》后，经济法理论受到排斥。1964年颁布的《捷克斯洛伐克经济法典》是直接受经济法部门思想的影响而产生的。民主德国、南斯拉夫的经济法概念也深受该思想的影响，《民事立法纲要》颁布后，又出现了否定经济法部门的思想。[2]

20世纪60年代中期以后，苏联又掀起了由拉普捷夫代表的经济法热潮。例如，1970年拉普捷夫等人起草了《苏联经济法典要点》草案，希望颁布《苏联经济法典》；1975年其主编的《经济法理论问题》出版，此书深入论证了这样的思想：经济法是苏联的一个新的法律部门，该思想一直影响苏联到80年代。当时以民法学家布拉都西为代表的"经济—行政法学派"一直强力反对经济法成为一个独立法律部门。直到苏联解体，也没有颁

---

1. 何勤华. 20世纪外国经济法的前沿 [M]. 北京：法律出版社，2004：368.
2. 何勤华. 20世纪外国经济法的前沿 [M]. 北京：法律出版社，2004：370-375.

布《苏联经济法典》。[1] 这场历史的争论并没有因为苏联的解体而停止，因其复杂的理论和历史背景，这种争论又转移到改革开放后的中国。

经济法学思想出现在中国也不是改革开放之后的事情。笔者认为，中国经济法学产生于民国，在民国的"六法全书"的体系之外，存在经济法。[2] 据资料考证，我国在 20 世纪 20 年代就关注过苏联的经济法思想，1927 年《国闻周报》第 4 卷第 43 期载有《苏俄的经济法》（海石译），《中外经济周刊》第 229 号载有《苏俄之经济法法规》，这两篇文章都限于对苏俄经济立法体系的介绍，具体包括规范私人经济活动的民法与限制国立机关经济活动的特别法规。[3]

20 世纪 50 年代，苏联的经济法理论在中国并没有引起重视，这是因为，50 年代前期主要介绍维辛斯基主流法学理论，该理论排斥经济法；50 年代后期中苏关系持续恶化，中国无法再学习其经济法理论，即使受影响也是通过东欧国家传入。

1962 年中国人民大学民法教研室起草了《民法草案大纲》，1963 年该教研室又起草了《中华人民共和国经济法草案》，[4] 足见当时仍受苏联或东欧经济法思想的影响，以至于针锋相对。改革开放之初，由于受当时特殊国情的影响，要把计划经济转变为有计划的商品经济，最有力的法律理论便是拉普捷夫的"纵横统一说"了，在当时影响力很大。当时的主流教材《经济法简论》（刘隆亨主编，1981 年北京大学出版社出版）和《经济法学》（陶和谦主编，1983 年群众出版社出版）都持该观点，1981 年颁布的《经济合同法》更是体现了这种思想的痕迹。1986 年《民法通则》的颁布使争议转到了另外一个方向，"纵横统一说"缺少了现实立法的支持。但是经济法学并没有停滞，而是在探索其历史本源时紧密结合中国改革开放的现实国情与取得的

---

1. 何勤华 . 20 世纪外国经济法的前沿 [M]. 北京：法律出版社，2004：380-382.
2. 荣国权 . 浅议我国现代经济法学研究之源起 [J]. 特区经济，2012，9.
3. 何勤华 . 20 世纪外国经济法的前沿 [M]. 北京：法律出版社，2004：376.
4. 何勤华 . 20 世纪外国经济法的前沿 [M]. 北京：法律出版社，2004：376-377.

巨大成就，在基础理论研究领域不断获得进步。在国家立法的强力支持下，经济法学研究不断深入，也越来越理性化，而不是随着社会环境的变化而随意变化。但是争论仍在继续，从20世纪跨越到了21世纪，经济法学研究者仍在努力地探索自己的"合理内核"，其他部门也仍有很多研究者坚持否认这个部门的存在。这种争议的影响巨大，从教学到理论，从法律实务到法典编纂，都需要这个问题的答案。

二、部门法概念历史探源

公私法的划分方法是国家利益和个人利益在法律上的反映，它们同是依靠国家的主权统一、政令畅通。私法是对个人利益的支持和认可，并提供标准化的法律保障，允许私人在设定的法律空间内自由选择个人行为的方向与模式，并非私人的完全自由意志。因此，私法盛行反映的是法治社会的原则，并非个人主义绝对自由化与私人意志泛滥。法律部门划分是人类对自身法律结构的一种性质归类，反映的是行为规范的性质，是创设行为规范的人们对行为性质的自觉判定与划分。

目前的资料显示，"公私法之分来源于罗马帝国初期法学家的学说，但在罗马法文献中，主要内容是私法，中世纪也无公私法之分。13—15世纪的注释法学家在复兴罗马法时，对公私法之分也仅加以重申而已。17、18世纪资产阶级反封建的斗争以及古典自然法学派的理性主义思潮，有力地推动了宪法的产生、公法地位的上升和公私法之分的确立。在19世纪欧洲大陆法学家眼中，公私法之分几乎成了自明的真理，在法典编纂、法制改革和法律教育中被广泛应用。这种分类法的一个重要概念是'私人自治'，即个人享有财产和缔结合同的绝对权利，国家职能主要在于保障这种权利并充任私人纠纷的仲裁者，因而公法和私法、国家和个人严格分开。民法、商法构成私法的主要组成部分，宪法、行政法和刑法被认为是公法，有人认为程序法应依实体法性质而定，但一般认为属于公法"。[1] 这段资料深刻地揭示了部门法思想产生的来龙去脉，将一个固若金汤的法律框架嵌入人们的脑海，以至于至今仍在围绕着它而讨论。这就是问题的起点。因为有了这样一个公私法划分分明的时代，历经上百年的历史，足以使人们头脑中的概念固化，形成一种认识上的"铁律"。如果出现了新的概念和划分思路，必然搅动人们认识上的敏感神经，引致强烈的排斥与反对。可是，这种认识文化并非自古有之，只是西方资本主义发展过程中产生的一种现象而已。它是历史的产物，依据历史唯物主义和辩证法的原则，它也是在不断变动和发展之中。我们后人归纳的很多概念、经验和理论往往是人类长时间的认识积累，往往要经历一代或几代人的努力，是在前人基础上的智慧创造。我们不能苛求古人——无论是罗马人还是中国人，早早地就创制出我们现在才有的东西。但是人类社会质的区别就在于思想的区别，标志就是那些划时代的著作或革命。现代的法律制度很多源于古代，其本质区别就是制度中依托的人类思想不一样了，同样是一块土地，却上演着不同时代的思想大戏，这样社会性质就不一样了，各种社会制度就发生了巨变。因此，法是政治国家的伴生物，其性质和分类由国家的属性而定。但是，在不同时代，国家的统治政策又深受具体时代的思想的影响，也会明确地体现在当时的法律中，因此，对法律形态演变轨迹的审察一定要了解影响当时统治政策的思想。而资产阶级历经几百年的积累，从文艺复兴到启蒙运动最后到资产阶级大革命，这一切使得资本主义理性主义思潮横扫一切旧的思想观念，在大革命后沉淀下来的思想必然成为当时的主流思潮，决定着法律的形式与走向。

古代社会的各类法典是当时各民族、各国家的人们智慧的结晶，立法者也是依据人的本性的特征来设计、书写法律。凭借当时的社会经济结构与认识能力，创造一部法典已经非常了不起了，里面已经包含着现代人复杂分类

---

[1]. 沈宗灵. 法律分类的历史回顾 [J]. 法学，1985，6.

的最初认识基础。在人类历史上，古代社会延续的时间很漫长，社会结构的简单使得法律结构也一目了然，但估计在当时人的眼中，它已经是很复杂了，社会上很多领域的事务都被规范在法典之中，统治者也为此而骄傲。文艺复兴解放了欧洲人的思想，自由的哲学开始滥觞，自由的思想家们开始严肃地探讨人的本质，思索社会的规律，这些脱离了封建桎梏与宗教桎梏的自由思想直接被资本主义所利用，掀起了一场翻天覆地的哲学革命，改变了全人类的世界观和方法论。它虽然建立在古代智慧的基础上，但是对人类来讲意义更突出的是创造性、革命性与人性的解放。

从原始资本主义的积累到商业资本主义的兴起，不断涌现的社会经济进步沐浴着经济思想和法律思想，孕育着改天换地的科学方法论。科学、系统地划分法律部门的思想与分别制定专门法典的思想就是在这样的历史环境下有机结合的，古代社会贡献的智慧成果与这种新思想、新方法的创制是不可同日而语的，这是近代社会思想解放的产物，从文艺复兴的人文主义的近代新思想到欧洲启蒙运动新思想的发展历程中，我们可以发现大量的此类证据和印迹。《查士丁尼民法大全》开创了民法专门制典的先河，也最早创制了专门的民法概念，在当时的罗马时代应该被认为是最牛的法律了，是法律部门划分思想与分别创制法典思想的最早结合。文艺复兴时代的罗马法复兴时，资本主义的兴起需要更符合时代需求的私法，在《罗马民法大全》的基础上不断完善民法的体系与理论，最终创制出了像《巴伐利亚民法典》和《拿破仑民法典》这样专门化的民法典。又在民法典方法论的影响下，结合资本主义几百年来崛起、兴盛的商品市场的经验，在统一民族国家强大主权的支持下，创造出像《法国商法典》这样的专门化私法典。法律部门划分的思想在私法典专门化的立法技术中得到了清晰的突显，这种新思想的创新性是古代社会不曾拥有的。英国的《大宪章》开创了公法法律部门专门化创制法典的先河，就像《查士丁尼民法大全》对私法法律部门的影响一样，《权利法案》将公法法律部门专门化创制法典的方法论在近代英国资本主义革命胜利后再次用到公法法典中，这些法律制度的结构创新是古代社会难以达到的。政治对法的影响非常大。不管创制什么样的法典和法律，其中都会有很多重要的政治经济和社会制度，统治集团的意见在法的形成过程中非常重要，会对经典性的历史法律制度进行全方位的外科手术，根据自己的需要创制相关的法律制度。

我们不能轻看资本主义市场革命和工业革命对法律进化的影响。古代农业社会的封闭性和落后性使得一部诸法合体的法典可以规范全社会，而且历经百年而不变。古老落后的生产方式和僵硬死板的经济社会结构也使法律进化的速度极其缓慢。古罗马形成的在当时高度专业化的民法大全却在一千多年后才被再次重视。东方在礼教盛行的儒释道文化中推行着古老僵化的封建法典，西方在宗教的压制洗礼中实施着宗教的法律和其他四分五裂的封建法律，这一切的法律结构在资本主义的冲击下迅速瓦解、崩溃，一切按照强大的资产阶级建立起来的思想和文明来重构，新的自由法律秩序就这样被强势建立起来，并借助资本主义强大的政治经济力量渗透到了人间的各个角落。

关于资产阶级在那个时代的巨大影响力，马克思有过精彩的描述："资产阶级在它的不到一百年的阶级统治中所创造的生产力，比过去一切世代创造的全部生产力还要多，还要大。自然力的征服，机器的采用，化学在工业和农业中的应用，轮船的行驶，铁路的通行，电报的使用，整个大陆的开垦，河川的通航，仿佛用法术从地下呼唤出来的大量人口——过去哪一个世纪料想到在社会劳动里蕴藏有这样的生产力呢？

"由此可见，资产阶级赖以形成的生产资料和交换手段，是在封建社会里造成的。在这些生产资料和交换手段发展的一定阶段上，封建社会的生产和交换在其中进行的关系，封建的农业和工场手工业组织，一句话，封建的所有制关系，就不再适应已经发展的生产力了。这种关系已经在阻碍生产而不是促进生产了。它变成了束缚生产的桎梏。它必须被炸毁，而且已经被炸毁了……起而代之的是自由竞争以及与自由竞争相适应的社会制度和政治制度、资产阶级的经济统治和政治统治。"[1]这种巨大的影响摧毁了封建时代的法律结构,将自由竞争的法律精神渗透到法律的改革中,甚至于将人被解放后的自由夸大到极致,将极端个人主义哲学渗透到新创制的法典之中。

因此,法律部门划分的思想与按法律部门的划分分别创制法典的思想在历史上并不是同时代出现的,这两个范畴的区分将为我们清晰地论述经济法奠定坚实的基础。

三、法典专门化与部门法思想

这样一个历经几百年形成的法律体系的结构在资本主义启蒙思想的推动下逐渐在18、19世纪形成,在当时已被奉为经典与神话,必然被视为一种难以再被突破的经典结构。法国1789年发生大革命,颁行了《人权宣言》,后又出现1791、1793、1795、1799、1802年宪法等,法国的宪法法律部门被专门制定为法律。法国的第一部宪法即《1791年宪法》也提出应"制定一部为全王国所共同的民法典"[2]。自然法思想的影响也是《法国民法典》产生的重要影响因素之一。受伏尔泰、卢梭、孟德斯鸠等著名启蒙思想家的影响,《法国民法典》不仅统一了南北分治的法国民法,还注入了平等、自由、天赋人权等重要的反封建思想,独立的民法典是资产阶级时代的胜利标志和法律创新,标志着新时代法律文化揭开了新的篇章。1799年拿破仑发动雾月政变,建立了资产阶级统治政权,从1804年开始到1810年间颁布了五部法典,除了1804年的《法国民法典》,还有1806年颁布的《法国民事诉讼法典》,1807年颁布的《法国商法典》,1808年颁布的《法国刑事诉讼法典》,1810年又颁布了《法国刑法典》,这五部法典开启了规模化分门别类立法的先河,奠定了大陆法系的法律体系。在这样的背景下,法律部门的

---

1. 马克思,恩格斯. 马克思恩格斯文集:第二卷[M]. 北京:人民出版社,2009:36.
2. 吴绪,杨人梗. 十八世纪末法国资产阶级革命[M]. 北京:商务印书馆,1989:49.

概念才真正清晰起来,这就是与法典专门化立法结合后产生的效果。研究中国古代法制史的专家张晋藩教授认为,法律部门在中国古代立法中就存在,"必须明确中国古代法律体系是由若干部门法,如刑法、民法、行政法、诉讼法等所构成的,是诸法并存的,也是民刑有分的。至于一部法典所采取的体例,或者是混合编纂,即所谓'诸法合体,民刑不分',或者是单独编纂,那是立法技术问题,是特定时代立法者的选择,当然这种选择也受到法律调整的需要和时代的制约"[1]。我非常赞同这一观点。根据行为规范的性质,在古代诸法合体的法典中,民刑有分,这是客观的存在,反映了古代法典的制定者已经很自觉地把不同性质的行为规范区别开来,分别书写,但是,让他们从专门化、分门别类创制法典的角度去认识这种区分,那就是苛求古人,超越了人类的认识规律,不足为取。在历史发展过程中,由于有了文化的积累和编纂技术的提升,人们不断地根据需要细化法律,逐渐制定出一些专门化的法律。到拿破仑时代,法典被大规模创制,法律部门的概念一下子跃然纸上,可以用实物做例,完整、清晰地被语言文字表达出来,一改过去虽有感觉和认识,但是模糊不清、不深入、不完整的状况。

在拿破仑大规模创制法典之前,分门别类的法典创制已经存在。在商业资本主义发展的历史上,城市商事法庭不断发展、壮大,"其判决适用于国际性的自由港口和自由开放性城市,日积月累的大量判例形成一种全欧洲普遍适用的国际性的商业法律规范和贸易惯例,即共同商法""中世纪末期,随着欧洲各国君主专制体制的确立,商法发生了新的变化,即由共同商法转变为国家商法,各国相继开始制定商法典,其中,法国 1673 年的《商法典》和 1681 年的《海商法典》较为著名"。[2]1791 年 10 月 6 日,法国制宪会议颁布了法国第一部刑法典。

从 18 世纪中叶开始,德国境内的许多邦进行了法典的编纂。巴伐利亚

---

1. 张晋藩. 法史人生 [M]. 北京:法律出版社,2015:151.
2. 林榕年,等. 外国法制史(第四版)[M]. 北京:中国人民大学出版社,2009:105.

邦率先编纂了刑法典（1751），接着制定了诉讼法典（1753），1756年又完成了《马克西米里安巴伐利亚民法典》。在普鲁士邦，1781年公布了《弗里德里希法令大全》，而其中最具有代表性的则是1794年制定的《普鲁士邦法》，也称《普鲁士民法典》。1781年奥地利制定了刑法典。[1] 主要部门法开始法典化，且主要按照法律的调整对象和调整方法开始分门别类地编纂法律规范，不同性质的法律规范被系统地编纂在相应的法典中，法律部门被清晰地呈现在专门的法典之中。在拿破仑统治时期，这种以法典体现部门法分类专门化的程度登峰造极，部门法的概念也真正清晰起来，过去将各类法律规范混杂在一部法典中的情况开始被抛弃，人类社会的公私法划分的法律结构逐渐显得严谨起来，尤其将法律部门表现为一部部具体的法典，这种法律结构开始深刻地影响人们的认识和生活。

实际上，自公元5世纪末开始，日耳曼诸王国纷纷编纂成文法典，将原来不成文的部族习惯汇编为成文的习惯法，这时就有了很多性质相同的法律规范被归类在同一个法典中的现象。如西哥特王国的《尤列克法典》，法兰克王国的《撒利克法典》《里普利安法典》，东哥特王国的《狄奥多理法典》，伦巴德王国的《伦巴德法典》，等等。其中最著名的是法兰克王国的《撒利克法典》，该法典主要是一部刑事和刑事程序法典，内容多是对法兰克人习惯的记载。[2] 之前的很多法典，包括中国古代的法典，主要呈现诸法合体，各种性质的法律规范被集中规定在一部法典中。

因此，拿破仑的立法，是一个时代形成的法律结构和形式，尤其是受资本主义和自由平等思想影响的私人所有权神圣和契约自由原则，它们是资产阶级战胜封建主阶级的标志性政治成果与法律成果，是那个时代最重要的政治法律原则，一旦树立，不可轻易动摇。这是资本主义商品社会的神圣教条，对人们的影响深刻入骨，悠远漫长。这就是我们后人在研究这一段法律

---

1. 林榕年，等. 外国法制史（第四版）[M]. 北京：中国人民大学出版社，2009：217.
2. 林榕年，等. 外国法制史（第四版）[M]. 北京：中国人民大学出版社，2009：81.

史时不可忽略和忘却的内容。

农业经济为主导的商品社会的竞争模式与工业化时代的商品经济体制下的竞争模式截然不同，因此，相应的法律模式也有很大的不同。工业化初期的欧美社会仍然以农业经济和手工业为主导，当时的统治者创制出分门别类的系统化大法典是一个极其了不起的创新，是对上千年欧洲法律传统的扬弃，是那个时代的惊世之举。可是，工业革命推进社会变革的速度太快，刚被运用不到一百年的竞争思想与法律模式很快就无法跟上时代的变迁，为了解决这些新问题、新矛盾，新的经济思想和法律就被创制出来了。对部门法思想源流形成的考察在本书最后一部分还会涉及。

四、部门法分类与经济法

经济法直接受到经济学思想的影响而体系化。欧洲资产阶级革命的胜利，在法律上的直接表现就是私法的大规模法典化，宪法的成文化、法典化和自由经济思想支配下其他公法的法典化、文明化，这种模式成为英、法引领世界潮流的先进法律模式，也直接影响了其他的资本主义国家。亚当·斯密的自由主义竞争思想和拿破仑的自由主义法律思想传播到世界各地，给18世纪下半叶至19世纪下半叶的世界打上了深深的烙印，影响了当时的世界和后世的发展。德、美正是在这样的背景下崛起的。但在残酷的竞争环境中，德、美发现，英、法推行的自由主义模式只是他们在强大之后推行殖民侵略政策的幌子罢了，真正要赶超英、法，还须寻找真正的良方。此时他们发现，重商主义思想的影响，是英、法崛起并成功跻身世界第一批列强的秘密。于是，冲破自由主义经济和法律思想桎梏的新经济思想和法律模式被时代所呼唤。既不能退回到重商主义的落后时代，又要秉承英、法列强的资本主义的竞争优势，还要发挥德、美自身的长处，于是，在更有吸引力的新自由主义思想的影响下，在空想社会主义者设计的法律方案的启发下，在国家社会主义思想和国家干预主义思想的影响下,一种新兴的法律部门专门化立法、概念被总结、创造出来,这就是经济法,它跨越了公私法划分的界限。很多人把经济学当作一门赚钱的学问,微观经济学也只研究厂商和消费者,研究自由价格竞争机制下供给和需求的关系,因此,在私有制被神圣化的时代,西方个人主义哲学盛行,经济学关注的只有利润一个要素,只有私人利益的增长才是社会的最高目标。无论是重商主义经济学,还是自由贸易经济学,均是如此。在这种经济学影响下的法律也是突出保护个人主义、个人权利和私人意思自由,法典和法律结构不会轻易出现普遍的公共利益、集体利益保护制度,而在社会主义者们设计的法律体系中找到对公共利益、集体利益的保护制度是顺理成章的。一些空想社会主义者利用法学研究来提出自己的政治主张,如17世纪英国革命时代温斯坦莱的《自由法》、18世纪法国摩莱里的《自然法典》、马布利的《论公民的权利和义务》《论立法或法律原则》、巴贝夫和他的战友们制定的《起义法令》等。当时的法学学术在欧洲很盛行,在很多大学拥有很强的影响力,这些学者们充分利用法学学术的力量来宣传自己的政治主张。在这样的学术思想中提出的经济法概念只能是一种对未来世界的描述和预设,但是在学术上却成为现实社会中出现的新型法律现象的一种重要理论来源。资本主义私有制社会中出现了过去没有的竞争现象,现有的法律体系又无法解决这一可怕的、扭曲的矛盾,自然就要从维护公共利益、集体利益的理论中去寻找了。这种联系是一种逻辑上的推断,还需要进一步详细考证,需要我们一代又一代的经济法学人努力求证。

在时代发展过程中不断创新的概念和总结出的原理总是满足着人们对新事物、新现象解读的需要,这是一个永无止境的过程,无论人类认识与改造世界能力的跨越度有多大,这一过程总是存在。公私法划分也好,法律部门划分也好,它们只是人们认识世界的一个工具而已,具有分类学意义上的巨大价值,但不应将其固化,僵硬地去理解,认为其就应该像自然科学原理一样严格。自然科学原理无法掺杂人类的意识和社会需求的标准，而社会科学原理是离不开这两点的。法律部门的性质与法律规范的性质既是整体与个体的关系，又存在灵活结合的现实需要。立法不是先验产生的，而是为了解决社会矛盾与问题而出现的，因此既需要确定概念内涵、外延的准确性，又需要现实地处理问题的灵活性，这就是原则性与灵活性的辩证统一。如果形而上学地理解法律部门划分，就会陷入不可知论，最终使认识混乱，并且不利于解决社会实际问题。因此，经济法法律部门的存在就要符合这样一个哲学原则，否则，就会陷入永无止境的争议之中，对社会毫无益处，还浪费社会资源。

　　探讨经济法部门可以考虑首先解决经济法概念的起源问题，这是需要深刻论证的，否则难以令人信服。起源中包含着人们长久以来对经济法特征的一般概括与提炼，实际上这在很多著作的论述中都有所涉及，只是缺乏对其系统的、深入的、与概念相关联的研究。经济法概念的提出是一种认识论上的创制，是人类智慧的成果，不是古代社会存在经济法律规范的时代就能提出来的，那个时代人们的认识水平尚未达到现在的高度，概括的准确度也无法与现代人相比。其次要研究经济法演变发展的轨迹，探索其中变化的路径与规律，用考证的方法去推论，在此基础上再去研究在发展中能被发现并可以被概括出来的经济法的结构，阐述这种结构形成的原理。要研究粗线条分类原则的合理性与适用对象，更要探讨概念细化的必要性与针对性，然后才可能触摸那些复杂的经济法条文所代表的性质。国家有个强大的中央政府统一进行经济结构研究与考察，归拢当前突出存在的各种社会问题，然后进行顶层的制度设计，以法律或政策形式推出，强力实施，努力监管，这是一种极其了不起的统治方式，这种方式下产生的法律有很强的针对性和时效性，是当代经济法的一个特征。

　　经济法这个概念的提出必然有一个形成背景，不可能突发奇想就被创造出来了。在19世纪初系列法典产生后，法律部门分类的具体表现形式被清晰地表达出来，这就是那个时代人们对法律的认识。后来出现了很多问题，依据已有的法律却无法解决，因此在司法、立法上出现了解决问题的创新法律思路，这些现象中的一部分被称为经济法现象。这种概念的出现并不像传统的法律部门那样有系统的巨大法典来体现，经济法是在新问题出现而传统部门法包括19世纪初以系列法典体现的法律部门无法解决时人们创新的概念，只是对新事物的描述，并没有充足的理论支撑和系统的法典支撑。它出现的背景很清晰，当自由资本主义竞争时代的法律框架被突破时，人们需要新的概念来解读、描述这些新现象。这个使命明确了这个概念的复杂性，因为原有的法律框架之外可能有太多的领域被涉及，这就需要认真研究经济法这个概念乃至部门的基本性格、特征，有了这些标准，就可以解释什么样的法律可以被称为经济法。经济法不像民法部门，有一个上千年的长期积累知识的过程，经济法专门化立法是资本主义商品经济体制和大工业革命的产物，具有革命性和突变性，缺乏足够的概念体系和逻辑系统的支撑，只能是在社会的巨变与快速发展中摸索规律。因此，学术界长久以来对经济法的指责是不公平的，它需要人们的包容、耐心与智慧探索。

法律分门别类的归集是为了方便人们掌握法律，研究者要了解它们之间的密切联系和区别，互相学习和借鉴各自的研究成果，而不是各自划地盘，你搞你的，我搞我的，互相对立，甚至嘴仗不断，大打笔墨官司。认真研究经济法的原理有助于解决这样的争执，促使分门别类的法律各学界既要分，又要合，分是为了更深入地研究各自领域涉及的规律，合是为了将各股力量凝聚一起，更加全面深入地揭示法律内在的规律，更好地为人类社会服务。显然，经济法目前的研究现状无法满足这一要求。经济法是一种新概念、新思想，它所涉猎的法律现象在19世纪末之前的法律中也并非没有，利用法律的强制规定取代契约各方意思自由，用政府的公权力干预或限制私人权利与自由的法律规定在古代很多法律法规或政策中都有，但是，在资本主义自由竞争的背景下被提出并逐渐专门立法，对该现象明确定义并系统研究，这在以前是没有的。过去只能是分散、零星的条文，现在则由理论、判例深入到专门、系统的立法，这是法律进化到当代社会的新情况、新现象，过去无可比拟。概念是人创制的，必须由人来合理驾驭与解释，否则就会陷入不可知论。另外，法律本质上也是一种政治宣言，历史上估计不会存在纯理性或科学指导下的立法，它是人类社会的一种统治方法，充满神秘色彩和思考理性，但又是现实主义力量的大杂烩。经济法是按调整对象加保护方法作为分类标准的，借鉴了法律的一般分类方法，又有所结合，而且不一定以法典方式体现：有的是专门法典，体现某种突出的社会问题的法律调整；有的是在原先的法律中增加公法的调整方法，表现的是公法对私权利、营业自由、契约自由等的干预和限制，在不需要的时候还可以取消，还原市场自由竞争。因此，经济法专门化立法的出现是资本主义由自由竞争向垄断竞争过渡的历史产物，是资本主义政治、经济与法律结构转型的必然选择。

人们对经济法学在逻辑上有一个认识误区，即经济法出现之前资本主义国家是放任自由竞争的，国家并不对社会生活加以干预。历史上各资本主义国家的情况并不一样，国家对社会与经济的管理和干预或多或少、或轻或重，只不过普遍情况是以自由竞争为主流，各国家体制以不干预为主，这样，即使某个资本主义国家在放任自由竞争的时代有国家干预经济或调整经济的政策或法律，也不必大惊小怪。历史是不能靠假设去认识的，历史上对人类行为性质的认识也不能整齐划一，而应以一般规律作为重点，强调普遍性。这样，逻辑和历史在研究经济法方面就会被有机地结合起来，否则，以个别现象否认普遍性就不属于科学范畴了。

研究社会科学的宗旨就是解读人类行为的原因、背景，掌握其发展、演化轨迹，这就需要拿出各种证据，而不能仅仅靠逻辑推理。一个事件、一个伟大的思想、一个伟大的人物，都会对人类社会的某一领域产生影响，持续影响二十年就占据了一代人的头脑，影响上百年就成为经典性的行为导向。而像罗马法时代、法国大法典时代、德国大法典时代，影响时间都很漫长，这种根深蒂固的经典分类已经掌控了几代人的头脑，习惯性的法律认识框架已牢牢地固定下来，在这种背景下，要突破这个法律结构模式必然充满艰难险阻，这就是经济法和社会法专门立法出现时所面临的情势。了解这一切，才能深刻解释经济法原理，也才能解读清楚法律现代化的演变过程和性质。要想了解更深层次的原因，就必须阅读过去那个时代的历史资料，熟悉那个时代的基本背景和特征，认识几位影响巨大的人物，阅读那个时代留传下来的几部重要著作，了解那个时候发生的一些故事，这样才可以深刻地体会那个时代在历史上的地位及与现在的联系，而这就是研究社会科学中的经济法学的重要方法。

私法发达的时代，人们对公法的范围很熟悉，法律少、内容少，而私法法典规模宏大、条文繁多、内容复杂，民商法典分立表现更甚。现在，由于社会经济结构日益复杂，政府干预经济职能加强，政府干预经济类的公法日益庞大起来，其细密复杂程度绝不亚于19世纪初的民商法典，这种法律结构的复杂化给社会带来了困惑，需要重新梳理并解释。经济法的部门定位虽然只出现在大陆法系，但是法律的属性是相通的，这种法律的出现反映的是资本主义国家统治模式的变更，由过去的推崇国家少干预、私人充分竞争的方式转变为国家充分干预的方式，投射到法律上就出现了截然不同于少干预模式下的法律，这就需要新的理论解释，经济法学就是这样诞生的。因此，否认经济法的观点严重缺乏历史唯物主义精神，抹杀了这种历史上曾经发生过的资本主义国家统治模式的大变化，对这种模式变化影响下的法律性质和结构变化视而不见，这就陷入了历史虚无主义的泥潭。

契约自由、所有权神圣、营业自由、自由竞争、复式记账、货币法定都要靠统治政权的强大力量予以维持，无论私法、公法，都需要由强制力保证实施。法律就是一种强力实施的具体体现，方式方法可能有所不同，但是目标是一样的。统治阶级实现统治的途径多种多样，但有为的统治集团一定可以创造很多好的方法与途径，体现在法上就是形式多样。人们发现《罗马法》的思想最为实用,但是《罗马法》并没有给经济法留出足够的概念空间,因此后人们需要根据时代的发展形成新的认识。

因此,资本主义时代法律体例的形成直接受经济、技术与文化变革的影响,受启蒙思想影响的自由主义深深地刻进了自由时代初成时的自由竞争法律体系中,但由于科技进步的速度太快,引发了社会矛盾,而受自由思想深刻影响的自由竞争的法律体系又呈现出经典、刻板、严肃的形态,难以自圆其说地改革自己。"随着资本主义的发展,近代法的这个体系被迫做了修正。这就是生产技术的高度发展和股份公司制度的发展,促进了资本的集中和积聚。从而在十九世纪后半叶出现了垄断的大企业。这些大企业本身具有在市场上支配价格结构的力量,并且能够以这样的力量为背景,采取人为地操纵市场等行动。这样,市场结构的自发性就受到损害,自动调节论也就难以实现了……与此同时,与市场结构有表里一致关系的近代法(特别是私法)体系,也开始出现不适应的情况,国家本身对用什么形式介入市场结构的必要性,已经有了新的认识。为了使这种维持市场秩序的国家介入能在法律制度范围内进行,就产生了被命名为'经济法'的一系列法律。"[1]因此,借助社会主义思想的理论,学者们形成了自己的理论渊源,推出了经济法,然后理论家们、法学家们去求证其合理性。

---

1. (日)丹宗昭信,厚谷襄儿. 现代经济法入门[M]. 谢次昌,译. 北京:群众出版社,1985:46.

第二章　经济法专门化立法在德国的产生与发展

本章摘要

本章主要研究了德国统一时经济发展模式的特征和对法律结构的影响，探讨了统制经济时期法律框架的变化，论述了德国经济法产生和发展的脉络，以及在当代社会的发展情况。

一、帝国的统一与经济模式

在德国出现经济法法律是与德国发展资本主义的现实需求相适应的。德国在统一之前只是个地理概念，四分五裂，封建主义盛行，资本主义发展缓慢。而英、法通过资产阶级革命，建立了统一主权的民族国家，建立了统一的国内市场，颁行了具有强力支持的法律。英、法资产阶级为了争夺全球统一市场，甚至严格限制当局的统治权力，宣扬无政府主义思想。资产阶级把全世界作为市场目标，固然要推行竞争的自由主义政策。先行的工业和市场革命已使英、法充满了竞争优势，而德国则是被抛在后面的追赶者。它首先要建立统一的主权民族国家，其次要尽快实施工业和市场革命，在追赶英、法的同时还不能否认资本主义自由竞争原则，于是就走出了一条适合自己的法律之路，既实现了维护资本主义方式的强国梦，又巧妙地利用社会主义思想和李斯特历史主义思想，利用民族国家的力量集中、快速发展资本主义。

历史证明，这种选择成就了德国，在英、法创制的资本主义道路之外又开拓了一条新的资本主义之路。

马克思主义理论指出，法是阶级统治的工具。无论是私法发达的社会与时代，还是公法发达的社会与时代，法都是统治者管控社会的工具；无论是主要体现统治阶层的意志，还是能够更多地体现民意，都无法超越法的阶级性。德国设计的民法典在全世界属于登峰造极，美国的私法在英美法系中也属于独上高楼，可是偏偏经济法专门立法就出现在德国和美国。这就是德、美统治集团意志的体现。英、法资本主义迅速崛起的本质不是靠放任自由，而是靠国家的支持。"自1500年以降，欧洲有200多个国家，彼此战乱不休，500年来一直在打仗，因此战争和战争融资是500年来欧洲政治经济的头等大事，从而近代欧洲几乎是很必然地发展出国债制度。一方面是国家要为战争融资，就必须向商人借钱，从而使得商人支配了国家和战争，并形成军商合一的体制……而欧洲在长期战争融资中发展起来的信用制度，却能够把信用转化为资本，从而把可预见的未来利润转化为资本投资，这样才解决了向新的生产方式（其实首先是先进武器的制造）大规模投资的问题。可见，如果脱离开欧洲军商合一的体制，如果不分析欧洲立足于应付大规模战争而形成的战争融资制度，而空谈'商人资本与工业资本的结合'，这也只能是脱离具体历史的书生之见。"[1]这其中就包括殖民主义，但是它获得成功后却每日打着自由竞争的幌子，欺骗世界。而精明的德、美并没有上当，而是积极动用统治集团的力量，从国家层面大力支持本国资本主义的发展，而这种政治经济选择投影在法律上就是经济法、社会法的专门化、现代化。历史表明，德国就是这样快速发展起来的。而德国的这些思想来源并不是英国自由经济学鼻祖亚当·斯密，却是反对斯密的德国经济学家弗里德里希·李斯特。

为了统一税收、货币、度量衡和各种商业贸易法规，为德国日后的强大奠定政治、经济和法律基础，1834年德意志关税同盟建立。"铁血宰相"俾

---

[1]. 韩毓海. 五百年来谁著史 [M]. 北京：九州出版社，2010：51.

斯麦当政期间,"俾斯麦是一个经济师,他建立统一的市场,出台商业法、营业自由法、关税法、货币法等经济法规使德国经济发展有了可靠的法律保障。统一时,面对境内7个不同的货币区和33个具有钞票发行权的银行,俾斯麦做的是统一德国货币,以马克作为法定货币单位。1873年,德国建立黄金储备,改银本位为金本位"[1]。从1834年1月1日起生效的为期8年的《德意志关税协定》到1862年后出台的各种经济法规,这些法律文件反映了德意志各邦集中、统一的愿望,表明各邦支持用强大的国家力量来辅助经济发展,证明了德国统一后利用国家力量发展资本主义的历史事实。这说明帝国在统一之时就已经选择了集中国家力量发展经济的模式,而不是斯密宣扬的自由竞争的国家少干预模式,而德国把这个功劳归因于弗里德里希·李斯特。

二、干预经济与法律结构

竞争与垄断是人类商品贸易中常有的现象,无论是政府公营垄断,或是授权垄断,或是大户垄断,都是伴随着人类社会商品经济而存在的。自由资本主义时代也不例外,但这个时代明确将自由竞争哲学写入了统一法典,成为由国家强力支持的法律,因此,当垄断行为开始影响自由竞争时,法律就开始干预原有的自由竞争格局,形成新的竞争格局。不能机械、片面、静止地理解资本主义的自由竞争,殊不知其中也混杂着形形色色的垄断。当司法审查这类案件时,垄断者就会以自由竞争的法律原则来为其辩护,希望当局能维护他所认可、接受的自由竞争,而不是普遍的自由竞争。虽然美国和德国选择的发展资本主义的模式有所不同,但都面临着一个现实问题。英、法已经成为世界顶级强国,自由竞争的政治经济选择和法律模式已经形成,因此,美国和德国既要允许垄断经营,以尽快壮大本国企业的实力,又要适当限制,以免自由竞争机制和资本主义的崩溃。这样,德国选择了在

---

1. 凤凰网历史. 俾斯麦时代的德国 [EB/OL] [2011-01-12] https://history.ifeng.com/.

亚当·斯密的自由经济哲学之外，从社会主义理论和李斯特经济学中寻求答案，而美国从汉密尔顿和李斯特的理论中找到了钥匙。"这三份报告很大程度上透露了汉密尔顿的经济思想，它已成为美国乃至其他大国崛起过程及扶危救困期间屡试不爽的法宝。且不说通过李斯特（Friedrich List）的提炼和发扬，汉密尔顿经济思想对德国和日本崛起产生过重要间接影响……汉密尔顿的上述思想及其国家观念和产业平衡发展观念等，对李斯特经济思想和凯里（Henry Carey）经济思想等的形成和发展，起了重要的启迪作用。"[1]在这些思想的影响下，美、德对英、法创制的自由法律结构进行了修正与突破。美、德选择的法系和概念体系虽大相径庭，但在改造英、法发明的自由法律模式方面，它们借鉴的思想是相似或一致的。经济法学界多年来对待经济法部门思想的出现这一问题总有含混不清的说法，有的认为经济法是在德国出现的，而且德国是大陆法系国家，因此经济法出现在德国顺理成章；有的认为经济法是在美国出现的，最有力的证据就是1890年的《谢尔曼法》。但很难定论到底哪一个是正确的。此外，谈德国经济法的产生往往会谈到第一次世界大战之前和战争期间的经济统制法，这种统制法律现象的突然出现（如1910年的钾矿业法），引起了法学家们的重视，人们才发现具有经济法部门属性的法律出现了。其实，美、德资本主义发展过程中这个现象早已出现，如何解决也不是法学家们介入研究才开始的，在当局制定的法律、政策和当局支持下的法律判决中就已经开始了，到了19世纪末20世纪初法律已经成形，其中蕴含的法律思想变革在后来才被深入解读。

　　资产阶级的崛起在封建时代就开始了，他们靠的是自由商品生产与贸易的法律和不断深入的竞争。当资本的积累不断雄厚，工商业和金融资产阶级的羽翼不断丰满时，封建政权与宗教神权成了资本主义继续深入发展的桎梏，这时资产阶级就发动了政治革命，突破充满身份不平等色彩的封建主义的限制，消除宗教神权的约束，利用资产阶级强大的财力组建为资本主义世

---

1. 伍山林. 大国崛起的经济思想基础[N]. 文汇报，2016-06-17（W12）.

界贸易服务的政权结构，分权理论恰好迎合了资产阶级创建服务型政府的理想，一种精巧的资本主义政治机器被精心地打造出来。但是，资产阶级已经习惯了在全世界进行贸易、在全世界进行殖民掠夺，无政府主义也在深深地影响着那个时代，因此，资产阶级的全球殖民贸易并不需要强大的国家机器，只需要看好本家的"后院"。更多的人力、物力、财力都要投放到资产阶级开拓世界殖民侵略与贸易中，国家这个精美的三权分立政治机器规模小，在资产阶级的精心调理下为野心勃勃的资本家们服务，缺乏足够的人力、物力、财力为社会服务。三权分立的立法机构、司法机构和行政机构都从各自的角度维护着资本主义的自由契约秩序，维护着私有者的权利尊严，以保障这个机器的继续运转。

可是，当资本主义国家内部大寡头开始吞噬国内市场时，内部出现了无法阻挡的破坏势力，大资产者为了私有财产疯狂聚敛财富，贪婪地剥削社会，肆无忌惮地破坏社会环境与社会公平。垄断力量的出现成了资本主义的掘墓人，社会矛盾日益尖锐，各类问题无法得到解决，弱势的社会群体成了被消灭的对象。这时的资产阶级意识到，必须对资本主义世界的旧有结构进行改制，需要向社会主义者的思想学习，利用国家的力量（包括三权分立的各个部分，而不是仅仅动用行政系统）干预经济。国家干预的出现改变了资本主义灭亡的命运，虽然经历了两次惨无人道的世界大战，被称为"帝国主义"的资产阶级社会仍然生机勃勃，这是资本主义改良的一大发明，至今仍然起着重要作用。这种全方位、深层次、系统而有针对性的国家干预背景下所立之法已经不同于旧有的法律结构，必须重新定位、认识，因为其中掺杂着很多社会主义、历史主义的理论和实践，不再是19世纪初形成的经典法律结构所能解释的。它经历了资本主义一个时代的理论变迁，用可怕的阵痛换来了无可奈何的变革，科技革命与市场革命的巨大浪潮将资本主义的航船不断掀起，几乎覆没，发生的变化都是无法避免的，也是不可逆转的，法律的性质必须迎合这样一种现实变化，因此，经济法蕴含的国家干预是历史的选择。公与私、资产阶级与国家和社会、私法的公法化都是矛盾和问题的症结焦点，而只有经济法部门的明确呈现才满足了解决此类问题的需要。

德国在历史上首先就是这么做的。"德国铁路是以经济为目标而发展起来的，政府规划建设，私人进行投资，在政府的担保下，银行的贷款使德国铁路建设从未遇到过资金短缺的问题。同时，德国加大对铁路的管理，俾斯麦于1873年创立了'帝国铁路局'来协调全国铁路的建设、装备和营运。为了统一和简化各种铁路公司的运费体系，原本67家德国铁路管理局和1357种运费的德国铁路终于在1876年联合在一起，形成了统一运费和系统化的铁路管理体系。"[1] 帝国政府的担保或投资使得企业获得了稳定的发展资金，这种经济模式很少在英、法的市场中出现，而在德国极其普遍。铁路的统一管理和铁路局的设立更是使得这一行业构成庞大的自然垄断，消除了竞争，迅猛地提高了该行业的利润率和竞争力，而在同时代的美国，各铁路公司还在为打价格战而苦恼，更被虎视眈眈的大石油垄断集团标准石油公司所觊觎。通过德国的这种国家资本主义模式，优先发展和支持采矿业、电气工业和化学工业，这些行业很快走到了世界先进行列。国家又公开支持工业家与银行家联手，从而使工业规模迅速壮大，形成了巨型的垄断集团，并赶超英、法、美，成为工业强国、金融大国。在政府的全方位干预下，德国迎头赶上了第二次工业革命，其中统一的各类经济法规发挥了重要的作用，并改变了由法国构建的大陆法系的法律结构。

不光是干预经济的法律出现了，还诞生了社会法。由于资本主义高速发展，不可避免地带来了巨大的社会矛盾，这在老牌资本主义国家中普遍存在。只关注资本利润的本质让高速的经济列车对社会造成了巨大的危害，工人的保护、环境的破坏、竞争的加剧等，尤其是工人与资本家的矛盾，造成了社会动荡。我们最熟悉的1844年德国西里西亚纺织工人运动就是代表。俾斯麦深信，社会问题只有国家才能解决。他指出："国家怎么能够仅仅因

---

1. 央视《大国崛起》节目组.大国崛起·德国.北京：中国民主法制出版社，2007.

为这个（各个地方争相请求援助）就停业帮助呢？国家会援助。"[1]这些想法正是德意志帝国政府推动社会保险的重要思想基础。1881年11月17日，俾斯麦向帝国议会宣读了皇帝的诏书，宣布国家准备实行社会保障制度，主要包括三大类：《疾病保险法》《意外事故保险法》和《老年和残废保险法》。[2]这样专门化的法律在以前从没有出现过，在英法资本主义的法律体系中也找不到，而是在社会主义的理论中寻找到的，并被认为是和平抑制社会主义运动的重要工具。这种法律的出现再次打破了英、法奠定的"私法自治"时代的法律结构，出现了保护工人的专门化法律，这些法律被后世列入社会法部门。

三、竞争思想与国家干预之法

德国在发展资本主义制度时形成的经济模式、立法模式有其深刻的思想背景，这就需要通过解读思想来论述经济法在德国的故事。从资本主义自由思想的发展脉络来考察，从哲学到政治经济学，自由原则体现为资产阶级政治的基本理想，它全面影响着政治结构，生产阶级和商人阶级成为国家的幕后主宰，政府成为经济发展的统治机器，管理社会经济的职能被严重限制了。因此，当自由思想影响下的资本主义社会将自由贯彻到市场竞争的边边角角时，法律的点点滴滴体现的都是私有制原则下的极端的自由竞争原则。英国人在热读《国富论》掀起的自由竞争哲学时，德国人还处在四分五裂的落后封建国度中，神圣罗马帝国的概念只是一个地理学上的虚名词而已。面对曾经辉煌的葡萄牙、西班牙、荷兰，德国选择了资本主义，而面对更加辉煌、强大的英、法列强，德国选择了自由资本主义。可是，现实是残酷的，英、法的自由原则是在经历了漫长的重商主义原则之后，利用该原则取得了

1.（德）鲁特维克. 俾斯麦传[M]. 文慧，译. 长沙：湖南人民出版社，2014：164.
2. 央视《大国崛起》节目组. 大国崛起·德国. 北京：中国民主法制出版社，2007.

巨大的经济成就，并且开始引领世界经济潮流的背景下形成的，这与德国的国情是严重不相符的。在这样的条件下，德国既要学习法国的大陆法系体系（当然，德国在13世纪就开始继受《罗马法》，1495年帝国法院正式确定《罗马法》为德国民法的有效渊源，而法国的法律体系也是继受《罗马法》，因此德国学习了法国的样板并有所超越），又要面对自己的现实形势，因此，德国在创制自己的民法典之时，也创制了竞争法典。德国在对外宣扬自由竞争之时，还采取了国家干预主义。在学习亚当·斯密1776年出版的《国民财富的性质和原因的研究》（简称《国富论》）宣扬的自由竞争经济哲学时，我们应该更加细心地学习李斯特1825年的《美国政治经济学大纲》和1841年的代表作《政治经济学的国民体系》。这些著作都深刻影响了"铁血宰相"俾斯麦。

此外，弗里德里希·李斯特长期身在美国、心在德国，其思想深刻影响着这两个国家。这就说明了为什么经济法专门立法的身影几乎同时出现在这两个国家，而且一个重要的表现就是在竞争领域和竞争秩序方面的立法。

弗·李斯特最具代表性的思想就是《政治经济学的国民体系》一书，恩格斯给予这部著作很高的评价，"德国资产阶级经济学著作中最优秀的作品"[1]，可见其当时对德国的重大影响。"李斯特反对古典学派的政治经济学，主张建立国家经济学，主张从各国当前利益和特有环境出发，制定有利的经济政策，这一思想反映了德国工业资产阶级企图通过国家和英法资产阶级抗争的愿望和要求，顺应并推动了当时德国经济的发展。李斯特特别强调依靠国家实行保护关税，发挥国家在协调社会经济各部门关系中的作用。"[2] 经济史学界已经明确将李斯特列为欧洲古典经济学的对立派，可是由于其非主流学派的地位，到今天已经有很多人不了解其人其事了，这对经济法学界来讲

---

1. 恩格斯.卡尔·马克思《政治经济学批判》// 马克思，恩格斯.马克思恩格斯全集：第13卷[M]，北京：人民出版社，2006：30.
2. 候星芳.李斯特《政治经济学的国民体系》评述[J].苏州大学学报（哲学社会科学版），1988，4：43.

不是一件好事。他的思想恰好影响了经济法专门立法出现时的德国，我们只有透过历史的文献重新细细审查历史，才能看到经济法专门化思想产生的源头。缺少了理论的研究和历史的考证，我们很难发现历史的秘密。李斯特在《政治经济学的国民体系》的自序中开宗明义地告诉人们："我要说明一点，作为我的学说体系中一个主要特征是国家。国家的性质是处于个人与整个人类之间的中介体，我的理论体系的整个结构就是以这一点为基础的。"[1] 干预的思想不是从马歇尔、凯恩斯才开始出现的，李斯特的理论非常明确，国家才是经济的重心。因此他强调国家生产力，强调国家通过关税实施贸易保护主义，强调通过铁路的建设完成德国的统一。法学学术研究的一个重要目标就是解读影响法律现象的重点因子，找到人类行为方式的原因。

法学研究领域也在关注着李斯特的影响。"李斯特认为各国不同的历史成为各国政府制定本国经济发展战略的依据。他在其带有总结性的《历史的教训》一章里，开头就写道：'无论何处，无论何时，国家的福利同人民的智力、道德与勤奋总是成正比的，财富就随着这些因素而增进或减退；但是个人的勤奋与简约，创造与进取，如果没有内政上的自由，适当的公共制度与法律、国家行政与对外政策，尤其是国家的团结和权力这些方面的支持，就绝不会有任何重大的成就。'他认为只有国家才了解自己目前所处的地位和环境，才知道如何发展自己的经济。他实际上在告诉人们。个人的地位与国家的地位永远是相辅相成的；一个国家的经济发展离不开作为这个国家的政府的战略引导和政策引导。重温其说，我们不难看出李斯特十分肯定国家在经济发展中的作用，其与斯密的'放任自由'主义学说大相径庭，而这些与我国经济法所说的国家干预是相通的。"[2] 这是法学研究者对历史主义学派经济学的深刻解读，实际上也揭示了经济法专门立法出现的思想背景。既然在罗马法理论框架中找不到理论根据，就必须在经济学理论中寻找合理性。

---

1. 李斯特.政治经济学的国民体系[M].陈万煦,译.北京:商务印书馆,1961,序言.
2. 杨三正.从李斯特经济思想看我国经济立法原则[J].湛江师范学院学报,2004,2:1.

李斯特的理论叙述恰好符合德国的历史发展状况，因此他的理论成为当时制定经济法规、政策的理论基础。

李斯特仍然是为维护市场经济而进行理论探索的，在谈论国家主义的同时也在鼓励市场竞争，这也就为国家干预经济设定了原则——适度干预，为此他还进行了详细论述。"李斯特关于国家干预经济的论述也被后世所接受并逐步运用于经济发展的过程中。这方面最成功的例子应当是'罗斯福新政'，美国克服经济危机的理论基础'凯恩斯主义'也正是受到李斯特的国家干预经济思想的影响。李斯特关于国家干预经济，以促使工业按人为方向加速发展的思想对我国对经济实施适度干预的'宏观调控'很有启发和借鉴意义。"[1] 而在以往的经济法学研究中，一般认为国家干预论是从凯恩斯开始的，这就忽略了李斯特在历史上的重要作用。

如何进行适度干预，李斯特也有相应描述。"李斯特并没有把保护贸易绝对化，他从德国当时的实际经济状况出发，具体阐述了德国实行关税保护的一些原则和范围。他指出像纺织工业这类对国家的独立自主有重要意义的工业，是特别需要保护的。而对农业就不必保护，不要限制输入农产品及本国还没有高度发展起来的技术和机器，对那些仅生产高贵奢侈品的工业只需要最低限度的照顾与保护。"[2] 仔细分析就会发现，李斯特提出了国家干预与市场竞争的界限，这就为当时德国立法提供了理论依据。历史表明，俾斯麦在当政期间充分借鉴了李斯特的思想，并将其广泛地运用到经济法规与经济政策中。这类历史的法律现象得到了经济学思想的充分论证，自然而然地就站立在罗马法体系面前了。

这种思想实际上能够真正揭示经济法的本质属性。特殊时代的独特做法是，把自由竞争时代的经典法律结构按照国情的实际需要进行修正。"国家经济在不同阶段，就应该采取不同的政策。他联系德国的实际，认为当时的

---

1. 张乐. 从李斯特的《政治经济学的国民体系》看李斯特的经济思想 [J]. 经济研究导刊，2009，22.
2. 侯星芳. 李斯特《政治经济学的国民体系》评述 [J]. 苏州大学学报（哲学社会科学版），1988，4：43.

德国正处于生产力比较落后的农业时期,要过渡到农工商业时期,必须采取一系列相应的政策措施,这些政策措施必须依靠国家来实行。对此只有依靠国家采取保护关税等政策措施来扶植本国商业的发展,通过国家的作用来促进各部门之间的协调发展。"[1] 经济法的专门立法从出现到现在,在不同国家、不同时代所体现的形式并不相同,并不像民商法典那样表现出稳定的体系内容。这样的经济法规只能是为了完成特殊社会阶段的任务,而不会像民法典、刑法典那样结构稳定,很多年来体系变化不大。所以经济法的法律特征实际上与民法、行政法差距很大,其内容和体系有很强的时代性,这就需要经济法学界在此基础上深入研究、探索。

四、统制经济与经济法

梳理了历史,研究了经济学,我们还回到经济法学的基础知识,那就是对统制经济的再深入认识。在特殊的历史时代,既要依靠独特的经济学思想,又不能脱离成熟的法律知识体系,经济法必然有其历史特殊性,表现在形式上就是既包含传统法律知识中的常见知识(比如法律责任),又创造性地把国家公权力干预经济的方式法律化,以实现对市场机制自发性缺陷的矫正,统制经济就是典型代表。德国统制经济思想至少来源于李斯特历史主义学派经济学和社会主义理论,这一点还需要更加深入的研究与论证,但线索已经有了不少,希望经济法学人坚持下去。资产阶级私有制和自由竞争被普世化后,德国发现了一个秘密,那就是市场经济不能只靠私营竞争发达起来,思想家们告诉德国人,必须依靠国家力量。于是,在市场竞争的薄弱环节引入了国家的力量,对很多重要的领域开始社会化、国有化和统制,例如前面提到的德国铁路统一经营、管理,煤炭、钾等重要战略物资开始国有化或统制配额管理。而且这种做法从德国各邦国致力于统一后就逐渐开始,

---

1. 侯星芳. 李斯特《政治经济学的国民体系》评述[J]. 苏州大学学报(哲学社会科学版), 1988, 4: 43.

而不是在 20 世纪初才突然出现。这就是研究的线索。从重要理论的出现开始，到统治集团决策者了解、熟悉、实践这些理论，有一个发生与传播、影响的过程，因此德国统制经济的出现经历了这样一个过程，这种思想也影响了诸如竞争法的专门立法的出现。在影响经济法专门立法的发展过程中，由于是一个特殊阶段的经济需要，又是国家适度干预，因此有的立法沉淀下来，成为像民商法、刑法法典一样常态化的法律，有的则因临时性的市场扭曲被校正而不再需要，所确立之法律制度或立法就被废止了。因此，经济法专门立法应开始于德国俾斯麦执政期间的国家统一主义经济政策。19 世纪 70 年代，颁布了一系列有利于资本主义经济发展的法案，到 19 世纪末 20 世纪初达到了统制经济的高级状态，以至于各国纷纷用立法的形式确立下来，其中也包括德国 19 世纪末的竞争立法，例如 1894 年的《保护商标法》，1896 年的《反不正当竞争行为的斗争法》。

统制经济与后来社会主义国家的计划经济并不一样，它贯彻的是国家适度干预原则，除了重要的战略物资与市场外，自由竞争的市场领域一直存在。就像前文所述，俾斯麦执政期间需要国家干预的行业有所选择，到了第一次世界大战前夕，统制的行业也是有所选择。国家政权积极干预是德国工业革命的一个突出特点。在 1871 年统一前，德国各邦政府充分发挥了国家政权干预经济的作用，大力推进工业革命。其主要措施有：实行高关税政策，兴办国营企业，资助私营企业，对铁路实施严格监督。大力推行教育改革，由国家出资培养各类人才。1825 年普鲁士就实行了义务教育，1860 年左右基本实现了普及义务教育，培养出了像西门子那样的优秀人才，为工业革命提供了充足的人力资源。受资助的私营企业迅速发展壮大，很快引领了工业革命的潮流。1849 年之前德国仅有 18 家股份公司，而 1850—1859 年间德国新成立的股份公司竟达 251 家，股份银行等金融机构发展速度迅猛。由于德国政府不致力于海外殖民地的扩张，保留了大量资金，同时还积极鼓励国外资本流入德国参与股份公司和股份银行的运行，为德国积累了巨额的发展资金。而且政府紧抓铁路建设的要害,带动了钢铁行业的迅速崛起,同时拉动煤炭等资源行业快速发展,再加上军国主义的战略筹划,军火行业快速崛起,整个国家产业结构形成良性互动。帝国统一后,将普鲁士银行改为帝国银行,统一货币,并参与工业投资。这种战略性的干预和引导政策使得德国很快抓住了第二次工业革命的机会,一跃成为19世纪末欧洲列强中的佼佼者。而这种统制型的经济结构不同于计划经济,除了一部分关键行业被国营化,大部分行业被股份公司和股份银行所控制,钢铁、电力、煤炭等许多重要行业都以私营为主,例如达姆施塔特工商银行、德意志信贷银行、西门子公司、克虏伯公司等。与此相应,为了保护政府干预下的市场机制,19世纪70年代前半期,德国相继颁布了银行法,商业法,营业自由法,迁徙自由法,度量衡法,保护国外商业法,对邮政、交通和金融机构事务的管理法,货币法等,既保证了国家统一战略的实现,又保证了德国市场的繁荣发展,帝国还统一经营和管理铁路及交通运输事业。[1] 这些专门的经济领域立法开启了德国干预经济的法律模式,强硬的帝国内阁不断突破议会的阻挠,使统制经济的模式在法律上确立下来。"在议会上,俾斯麦坦白道:国家机器不可能停止运作,法律的冲突最终会演变为权力的争斗,不管是谁,只要他掌握了政权,那么他就可以随心所欲。"[2] "俾斯麦决心尽其所能筹钱,并不在乎法律细节。他所关心的是,国家的命运不能取决于某种设计糟糕的法律或宪法,而是取决于权力。换句话说,在俾斯麦看来,考虑权力和考虑法律处于不同和不均等的层面。他愿意求助未授权的发债或者同样违宪的变卖国有财产。关键在于如何调动必要的资金,以便利用俾斯麦察觉到的国外存在的重大可能性。"[3] 这种法律的诞生离不开强权政治人物的支持,因为那个年代奉行的是从英法传承的自由竞争原则和议会民主政治,而德国却出现了国

---

1. http://www.gwyoo.com/lunwen/gylw/gyqylw/201305/552175.html.
2. (德)鲁特维克.俾斯麦传[M].文慧,译.长沙:湖南人民出版社,2014:149.
3. (美)斯特恩.金与铁:俾斯麦、布莱希罗德与德意志帝国的建立[M].王晨,译.成都:四川人民出版社,2018:68-69.

家干预经济的法律,这在历史上应被视为一种创举。而且这种创造既受国家主义经济观的直接影响,也受社会主义理论的直接影响,突破了英、法资产阶级为了殖民主义而炮制的世界主义经济史观和无政府主义的自由竞争观。

德国创造的这些法律条款在当时的宪法中也有所反映。"作为教育和财富的代表,民族自由党欢迎宪法中的经济条款。俾斯麦特别重视这些条款,以便它们能'消除政治上的不统一对德意志人民的物质福利造成的损失'。联邦提供统一的经济秩序;俾斯麦和民族自由党(一定程度上也是为了后者)创造不受束缚的市场经济制度,它将为德国资产阶级带来繁荣,为国家带来经济力量。"[1]这说明德国人对当时出现的这些法律上的变化也是很惊讶的,毕竟在资本主义的法律文化中这是新生的事物。但是这些条款却冲破了教条自由主义的神话,将国家力量充分利用起来,推动着德意志的迅猛崛起,这就是德国资本主义在19世纪末飞速发展的法律史解读。

五、繁荣的经济法研究

在国家主义经济学和社会主义理论的影响下,德国迅猛崛起,由此产生了一批经济法律法规,这必然招致学者们的密切关注。因为这些法律无法用传统的罗马法思想和经济学思想,甚至启蒙时代的自由哲学思想来进行合理的解释,所以,发现了这些问题的学者必然致力于对这种新型法律现象的研究,但又无法完全脱离原有的理论基础,因此需要在理论上进行探索和创新。所以本书在开篇时列举了20世纪初德国法学家们的研究状况,说明当时已经积累了相当多的研究经验。可惜的是,绝大多数都没有中译本。日本紧随着德国也出现了热闹的经济法研究,理论不断深入,推动着日本经济的

1.(美)斯特恩.金与铁:俾斯麦、布莱希罗德与德意志帝国的建立[M].王晨,译.成都:四川人民出版社,2018:140.

快速发展和经济法的不断完善。苏联和东欧在公有制的经济基础上，努力探索经济法的功能与形式，学者们绞尽脑汁挖掘经济法的理论内涵和哲学基础，一直到公有制瓦解。至今欧洲的经济法研究仍然具有强大的影响力，尤其是德国。1963 年联邦德国出版了战后第一部关于经济法的系统阐述，作者是戈而德·林克，他将经济法定义为经济调控法。1977 年施泰因多夫出版了《联邦德国经济法导论》，将作为控制手段的经济法理解为一个构建市场经济制度的任务。1983 年费肯杰的著作中尝试将国际的与欧洲的经济法和内国经济法共同纳入一个体系之内。1986 年提尔曼在其教科书中并未把经济法视为一个法律部门，而是将其视为一个学术分支。1996 年策希提出的"欧洲经济法基本原则"更是将这一法律部门降至基本自由和卡特尔法。2005 年恩歇尔·迈尔的《欧洲经济法》和 2007 年施瓦策的《欧洲经济法》也是如此。2003 年基立安的著作《欧洲经济法》将一般私法、商法、劳动法纳入经济法。[1] 2010 年沃尔夫冈·费肯杰在《经济法》一书中将经济法定义为"经济法是在一般原则上和通过总体或个别干预调整经济财产的流转安排的自由和其定分归属，在被确立的经济宪法框架内，保障依据经济正义的尺度所衡量的经济公民的自我发展和供给的重要法律规范的总和"[2]。无论观点如何，争议是否激烈，围绕经济法的研究从未间断。百年来经济法的研究在德国启动，但仍然充满了未知，繁荣的学术研究背后就是想充分说明这种神秘法律现象的本质和内在规律。

过去，研究领域的专业划分是很严格的，从事法律的人以诉讼为核心的专业学习内容非常明确，从事经济学的人专攻经济学理论，很少与法学有交叉，人们觉得隔行如隔山。现在，经济法的出现和经济法研究的发展，让经济学和经济法开始融合，边界出现模糊，互相渗透到对方领域，而且日益深刻，这就是专业交叉。这实际上反映了人类行为的复杂变化，人类行为由农

---

1. （德）里特纳，德雷埃尔. 欧洲与德国经济法 [M]. 张学哲，译. 北京：法律出版社，2016：37-38.
2. （德）费肯杰. 经济法 [M]. 张世明等，译. 北京：中国民主法制出版社，2010：3.

业经济、手工业生产向工业技术经济、自动化生产转变，由小批量、小范围向大规模、大范围转化，竞争的能力倍增，手段也日益多样，这样行为就越来越多，确定其性质就较为复杂了。之前形成的专业知识结构逐渐崩裂，交叉性认识日益增多，学科交叉甚至出现交叉学科就很普遍了。科学就是人类客观认识自然和社会的认知工具，领域有所不同，方法也有所不同，但为人类服务的性质与目的是一样的。

硬性地说一部法律肯定是民法、商法、行政法并不明智。比如说保险法，过去在法国的商法典中就有，可是后来保险法中出现了行政法和刑法的条款，不能说这些条款都是商法吧？保险法中出现经济法条款也是顺理成章之事，保险监管的法律制度就是在资本主义大萧条时受凯恩斯国家干预主义思想的影响而出现的，是典型的经济法内容，无须遮遮掩掩。保险合同法属于典型的商法内容，可是保险合同霸王条款又受到了立法和司法的干预，成为经济法条款，这些都有坚强的经济法理论做后盾。我们必须坚持历史唯物主义的法治观，客观地考察法在19世纪到20世纪发生的巨大变化，而不是一叶障目，形而上学地坚持静止的、不变的法律史观。在中国2020年5月28日通过的《中华人民共和国民法典》中也包含着行政法的条款。因此，说某一部法律属于经济法，主要是从法律的整体属性上判断，因这种法律出现时在传统的法律体系结构中找不到对应的位置，又带有浓厚的国家干预经济的背景，就被定性为经济法，或者是在其他传统法律中出现了因需要国家干预而产生的制度，这也是经济法的组成部分，就像民商、行政、刑事法律的条文也经常出现在其他法律中一样。这就是对经济法的一种开放式、包容式的理解。此外，社会仍在不断发展，经济法的内容和结构也需要不断发展、变化，完全用推理的方法给出一个固定的逻辑结构也不合适，应该留有较松散的回旋余地和变化空间，因此，不应像民法、刑法那样苛求经济法的内在逻辑结构和外延。

六、语源探索与考证

1755 年摩莱里出版《自然法典》，提出经济法概念和理论体系的时候，也正是自由资本主义迅猛崛起的时候。21 年后，即 1776 年，亚当·斯密出版了《国富论》。在自由经济早期快速崛起的过程中，实际上有许多人看到了自由资本主义的弊端与问题，只不过此时资本主义社会的矛盾表现得并不十分尖锐，人们看到的更多的是积极、阳光的一面。摩莱里就是其中之一，他提出的解决方案就是制定经济法，以化解因启蒙思想引发的过度自由竞争带来的矛盾。因此，应将其列为理论渊源和语源之一。研究摩莱里和《自然法典》的论文作品很多，但从这个角度展开的尚属少见。深入研究摩莱里的个人思想历程可以揭示这个谜。1843 年德萨米的《公有法典》也存在同样的问题。在历史上，这两个人提出的概念和理论绝不像经济法教科书中所呈现的那样孤独、安静。德国的法学家们在观察 19 世纪末 20 世纪初出现的不同于民商法、行政法的新兴法律时，绝不会凭空创造出经济法概念的，肯定受到了摩莱里、德萨米理论的影响，只是这种影响的具体表现需要史学考证，经济法学人更应该去探求这类线索。

这一点可以通过梳理历史人物及其著作得到印证。摩莱里对马克思主义思想有直接的影响。"空想社会主义是科学社会主义的三大来源之一。恩格斯在《社会主义者》一书中就把摩莱里摆在了首要的位置，可见摩莱里是对马恩影响之大。摩莱里的某些思想原则直接为科学共产主义所吸收，用来指导无产阶级革命，而这些思想就是以自然法思想为基础的。如马克思主义关于法律的观点就与摩莱里的法律观相一致：法律在共产主义社会中的作用逐渐削弱直至消亡。"[1] 摩莱里虽然是空想社会主义者，但是他又不同于 16 世纪早期的空想社会主义者，如英国的托马斯·莫尔于 1516 年发表了《乌托邦》，意大利的托马佐·康帕内拉在 1623 年发表的《太阳城》中提

---

1. 李国旗. 从《自然法典》看摩莱里的自然法思想 [J]. 社会纵横，2001，3.

出了"各尽所能，按需分配"的思想。这些设想都充满文学色彩，充满理想主义，缺乏可操作性。而摩莱里则郑重其事地用法典的方法来表达，如《自然法典》第一条规定，"社会上的任何东西都不得单独地或作为私有财产属于任何一个人，但每个人用来满足生活需要、用来享乐或用来进行日常劳动的物品除外"[1]，这些物品就没有被列入公有范围。实际上这是对以私有制为基础的罗马法文化、公私法划分文化直接进行的挑战、突破与修正，只不过此书因著作性质并没有成为当时法国的法典，而是介于文学、法学、政治经济学之间的作品。但是经济法概念的提出是严肃的，是对公有制基础上的经济体制进行公权力掌控的法律表达，这种表达也直接源于有分量的法律学者。

"荷兰人胡果·格劳秀斯（1583—1645年），以最早从事国际法的研究而著称。按社会倾向来说，他不是社会主义者，但他关于'按需分配'的思想，对后世的社会主义者颇有影响。他在其名著《战争法及和平法总论》中说：'在混沌时期，每一个人都能取得他所需要的东西，消费他所要消费的东西。这样的一个情境，只能够在人类仍然留存有伟大的单纯性或生活于互助的仁爱之中，方才存在。'"[2] 格劳秀斯所持的是原始共有制观念。原始共产主义是在人类社会幼年时期生产力发展水平低下、产品极其匮乏情况下的必然现象。恩格斯在分析原始公社的分配原则时说过，那时的消费品是"按照习惯和需要"分配的。[3] 从中我们看到了格劳秀斯的公有制思想，虽然只是原始共产主义思想。而格劳秀斯同时又是自然法和私法的思想大家。"格劳秀斯的自然法学综合经院哲学、人文主义、罗马法和教会法各方面的传统思想，并在国际法与自然法两方面取得卓越的理论成就，被公认为近代自然法的奠基人。"[4] 而荷兰人格劳秀斯去世110年后，法国人摩莱里出版了《自

---

1. 摩莱里. 自然法典 [M]. 黄建华，等，译. 南京：凤凰传媒出版集团，译林出版社，2011：130.
2. 比尔. 社会主义通史 [M]. 上海：三联书店出版，1958：324.
3. 丁建俊. "各尽所能，按需分配"的由来 [J]. 国际共运史研究资料，1981，2.
4. 朱晓喆. 欧陆民法思想史——十六至十九世纪 [M]. 北京：清华大学出版社，2010：59.

然法典》，这绝不是巧合，而应当是思想传播直接影响的结果，是近代自然法思想的直接传承。格劳秀斯学习法律时就读的莱顿大学吸引了一批法国人文主义法学家在该校任教，他们直接影响了格劳秀斯的思想。格劳秀斯的私法巨著《荷兰法学导论》（1619年完成）对欧洲法律（包括《罗马法》）近代化体系的建立奠定了法学理论基础。作为近代自然法的传承人，摩莱里不会看不到这些私法巨著，但是他仍然提出了公有制原则的法典设想，这充分说明，他想在欧洲旧有的法律结构之上进行革新，而且还使用自然法思想的原理。

另一位提出经济法概念的空想社会主义学者也受前人思想的直接影响。"狄奥多·德萨米（1803—1850年）是马克思称为比较有科学根据的空想共产主义者，他最推崇摩莱里的共产主义学说。摩莱里的主要著作是《自然法典》，而他则把自己的主要著作取名为《公有法典》（1842年发表）。关于'各尽所能，按需分配'原则，在《公有法典》中也有大量叙述。在这方面，德萨米不仅继承而且发展了摩莱里的思想。他反对'按劳分配'的原则。"[1]像摩莱里一样，德萨米把"各尽所能，按需分配"的公有制思想作为"法典"的"根本法"，用条文规定下来："第五条 公社的一切生产品、一切财富，都由大家支配。每个人从整个公共财产内都能广泛而充分自由地获得他所需要的东西，亦即必需的、有益的和称心的东西。第六条 凡以公共利益为目的的一切工作都是共同的义务。公社宣布这一切工作都是同样光荣的。"[2]这些公有制思想在他的法律草案中也得到严格的规定，"所以，《法典》的经济法律思想与资产阶级自然法学派的观点是一脉相承的。所不同的是，这种思想是在公有制的基础上所派生出的法律规范约束下，来实现人们本应有的各方面权利"[3]。而这个思想直接挑战了19世纪初形成的大陆法系的以法

---

1. 丁世俊. "各尽所能，按需分配"的由来 [J]. 国际共运史研究资料，1981，2.
2. 德萨米. 公有法典 [M]. 黄建华，等，译. 南京：凤凰传媒出版集团，译林出版社，2011：31.
3. 张士元. 简评《自然法典》中的经济法律思想 [J]. 法律评论，1986，3.

典作为标志的法律部门结构，而且比摩莱里更具挑战性，因为此时法国的规模化系列法典已经颁布，公、私法细化的法律部门由各个法典呈现得更加清晰。

这说明摩莱里和德萨米在各自"法典"中提出的"经济法"概念是一脉相传的，都是近代空想社会主义者利用自然法思想对资本主义社会经济进行革新的设想，拥有法律专业基础知识的铺垫。这是对法律立法形式进行的大胆探索。"引起思想家和立法者关注的是现代经济法观念和制度产生的社会经济条件。而既有的以个人主义为基础的法律观念在解决整体性问题上的不足，以及整体主义观念和思维方式在思考法律问题中的应用则是现代经济法得以产生的观念基础。"[1] 该观点抓住了"经济法"一词在出现之时的应有之义，借助国家力量解决危机，而且法国当时的古典政治经济学面临的核心问题就是如何解决国民经济的危机和贫困问题，靠市场自身是没有出路的。1758年魁奈所作的《经济表》在当时可能是对宏观经济的最权威的描述，至于社会贫困问题，历来都有学者认为，其与分配问题有关。[2] 摩莱里的法律草案也同样是为了解决法国当时的国民经济危机与贫困问题，而且是利用国家力量。因此，"经济法"概念源于摩莱里是有充足的理论基础的。

有观点认为，摩莱里虽然最早使用了"经济法"一词，但其意指社会运动的法则，而不是在法的概念和意义上使用法的措辞或术语，因此不能认定其为经济法的创始人，经济法的创始人当属普鲁东。[3] 普鲁东，也常译为蒲鲁东，法国政论家、经济学家、小资产阶级思想家、社会主义者，马克思和恩格斯的私人朋友，无政府主义创始人之一。马克思主义批判普鲁东抓住的要害就是无政府主义。摩莱里提出"经济法"依靠的是国家力量，以此来实

---

1. 刘水林. 经济法观念史解释 [J]. 华东政法大学学报，2008，5.
2. (英) 汤普逊. 最能促进人类幸福的财富分配原理的研究 [M]. 何慕李，译. 北京：商务印书馆.1997：19–20.
3. 史际春，邓峰. 经济法总论 [M]. 北京：法律出版社，1998：69–70.

施并实现公有制和分配计划，以后国家才可能逐渐消亡。而普鲁东根本就不赞同政府的存在，又何来国家？"他认为共产主义和资本主义都有弊病，都不合乎理性……他认为任何国家政权都是危害个人自由的，因此'自由社会'就应是个'无政府状态'，其宣扬阶级调和与和平革命，反对暴力革命和无产阶级专政，并且反对一切权威。他认为国家、政府和政党都是必须具有一定权力和权威的，而这个权威就意味着对人们的统治。"[1]他说道，"不要权威！教会、国家、土地、金钱统统不要成为权威！革命的决定性的根本观念难道不全在这里吗？"[2]经济法最基本的含义就是自由竞争存在的基础上的国家干预，包括国有化与公有制。否认了国家的权威再去谈干预，就完全脱离了经济法的本质特征，因此，普鲁东所提的"经济法"根本不可能成为现代意义上的经济法概念的源头，无法与摩莱里相提并论，时间上比摩莱里晚了110年，也没有像摩莱里那样采用了法律草案的形式，其理论目标是无政府主义，而不是干预主义或公有制为主（摩莱里的公有制也有一点私人的利益空间）。所以，摩莱里应被经济法学界重新认识。目前的证据证明，"经济法"一词最早是摩莱里提出的，且有专业意义。面对德国新出现的国家干预经济的法规，德国法学家所能想到的、看到的最便捷的概念就是摩莱里、德萨米的经济法了，估计他们不会选择一个无政府主义者的思想和著作作为自己的理论概念的渊源。

七、社会主义理论与德国经济法

德国在19世纪中后期出现了很多经济法专门立法，这些立法不仅受李斯特历史经济学派理论的影响，还深受马克思主义理论的影响，而这就进一步说明了其理论渊源和概念渊源都与社会主义、共产主义理论息息相关，而

---

1. 李颂. 论蒲鲁东及其无政府主义政治思想 [J]. 枣庄学院学报，2011，3.
2. 李颂. 论蒲鲁东及其无政府主义政治思想 [J]. 枣庄学院学报，2011，3.

且也受到美国福特主义管理思想的影响。据历史调查，俾斯麦执政后认真吸收了李斯特的思想。他看到了工人运动的威力，虽然他所代表的利益集团的现实说明他并不喜欢工人运动，但他发现社会主义理论有助于化解社会主义运动所带来的威胁。因此，俾斯麦本质上是抵制、反对社会主义的，李斯特也是极力反对社会主义的。"在1863年至1864年冬天的这段时间里，拉萨尔数次拜访俾斯麦，他们两个每次会面都会谈很久。多年后，对自己与拉萨尔的交往，俾斯麦仍津津乐道。他曾在帝国议会上说：'拉萨尔颇具个人魅力，这让我深为其吸引。我认为，拉萨尔称得上是所有与我交往的人中本领最强、最为和气的人，更何况，他志向高远。……我们的一次谈话常常需要好几个小时，我总是觉得意犹未尽，对谈话的结束十分痛恨。……我想，在他的印象里，我应该是个不错的人，他应该认为我是一个睿智的聆听者。'"[1]为了说服俾斯麦，拉萨尔甚至在选举技术问题上阅读《法国立法史》，以增加法律权威的分量。拉萨尔是一位社会主义者，而俾斯麦是德皇委任的容克地主和德国资产阶级的代理人，他们之间的密切交往说明俾斯麦的确对社会主义理论产生了浓厚的兴趣。他们的合作套取了社会主义的外壳，将国家社会主义的内核塞进了德国的政权与法律中。

"作为社会党人的拉萨尔使俾斯麦的两个计划都按照他的意志实施，一个是要求给予一亿元的资金扶助生产合作社，另一个则是大规模地创办国有事业。这两个问题和那个普遍选举权问题所包含的道理是相同的，都是要用相同的方法来达到不同的目的。拉萨尔的目的是建立一个新的遵循马克思学说的社会主义国家；俾斯麦的目的是扩展国家权力，用以巩固这个君主国。如今我们回望这件事可以看出来，当时他只不过是对拉萨尔送了他一本有许多新的发展观念的小册子表示感激而已，许多年后俾斯麦对这些方法的评价是：这是一些非常重要且颇有深度的方法。"[2]这段文字清晰地反映了社会主

---

1. （德）鲁特维克. 俾斯麦传[M]. 文慧, 译. 长沙：湖南人民出版社，2014：160-161.
2. （德）鲁特维克. 俾斯麦传[M]. 文慧, 译. 长沙：湖南人民出版社，2014：162-163.

义思想是如何被俾斯麦巧妙地吸收并加以利用的。这些思想和措施都带有社会主义制度的影子，在封建时代和自由资本主义发展阶段都很少见，公有化经济的思想非常鲜明、系统，深深地吸引了俾斯麦。"俾斯麦甚至要求新近成立的工会同他一个鼻孔出气，他还与四个社会主义的著作家关系密切，当然拉萨尔并不包括在其中。这四个人中就有曾因反抗纳税而被贬出境后又被赦免回国的布赫尔，之后他成了俾斯麦的政府机关报——《北德报》的诸多办事人中的一个，他在这个报馆待了整整二十年。……还有一位写过一首有名的诗的布勒斯。……他在《北德报》中做事。在他之后进入报馆的是李卜克内西。马克思也曾被受俾斯麦委托的布赫尔邀请加入报馆，但是他始终不肯。不久，在得知布勒斯接受了政府贿赂的消息之后，李卜克内西悄然离开了报馆。"[1] 俾斯麦深度地吸收着社会主义思想，甚至想聘用伟大的马克思为其效劳，以选择其社会主义思想中的"合理内核"。这位"铁血宰相"使用强权压倒议会，使这些思想成为德国的法律——干预经济的法律，这些法律在古代的很多国家和民族也都出现过，但是却没有如此系统化、专门化，具有针对性和广泛性。但宰相绝对不会倒向社会主义，也不会同情工人运动，在拉萨尔完成了历史使命后，俾斯麦就开始疏远与冷落他。

倍倍尔与俾斯麦的关系更加亲近。俾斯麦鼓动他的同伴加入了帝国议会，"为他提供机会让他得以推广自身才学的人正是俾斯麦……他在监狱里与李卜克内西相识，李卜克内西的年龄比他大很多。他自这位难友身上学习了他为之奋斗终生的事业的众多基本理论，他为此类事业已然牺牲了自己的自由。李卜克内西和倍倍尔被囚押了两年的时间，倍倍尔因此得到了熟悉马克思理论的机会——李卜克内西在伦敦向马克思学来的"[2]。俾斯麦对社会主义的热情主要源于其需要摆脱议会的牵制，以实施强力统治，而社会主义者为其提供了系统的思想、方法和法律模式，因此，笔者可以大胆推论，俾斯

---

1. （德）鲁特维克.俾斯麦传[M].文慧，译.长沙：湖南人民出版社，2014：162-163.
2. （德）鲁特维克.俾斯麦传[M].文慧，译.长沙：湖南人民出版社，2014：264.

麦就是现代经济法、社会法专门立法的创始人和奠基人，就像查士丁尼与古罗马民法和拿破仑与他的法典一样。其采用的资本主义的内涵与社会主义的形式为德国独辟了一条强国的法制道路，打破了19世纪初形成的自由资本主义的法律框架和原则，在继承和突破中获得了更好的发展。而留下来的这种新型立法形式，也为各国及后世的资本主义国家和社会主义国家提供了样板和启示。

19世纪60—70年代，德国根据当时的发展要求开始了国家干预，反映在法律上就是产生了一批经济法律法规。特别是俾斯麦执政以后，贯彻了李斯特历史主义学派思想和社会主义思想，出现了统制经济的情况。第一次世界大战前，这种法律的发展达到了高潮，同时还出现了国家干预经济的竞争立法，并成为常态化法律。这表明经济法专门立法在出现时就很有特点，有的为特定目标而建立，目标完成，法律废止；有的为长远目标而建立，成为长期的法律。期限有长有短，范围也是根据发展的需要而定。如需要用关税壁垒来保护农业生产，就立法修改税法，提高进口农产品的关税税率，鼓励出口，或提供出口补贴，不需要了再废止；钢铁行业需要国家注资或国家担保银行贷款，就干脆成立帝国银行，颁布银行法。涉及经济领域的事情非常多，这就要根据阶段性的发展需要，根据行业、市场的状况，用立法来决定干预的方式、力度、期限和范围，这就是经济法专门立法在德国产生时表现出的特征。后世的经济法应依据这一基本特征去对照，不断地发展和完善其理论和实践。1918年，德国学者理查德·卡恩在其《战时经济法概念论》中，进一步从学术意义上使用"经济法"一词。自此以后至30年代，经济法理论研究在德国日趋兴盛。

有一段资料最能体现当时德国对这种新式经济尝试与法律的描述与概括。犹太裔大工业家瓦尔特·拉特瑙——通用电器公司总裁和德国帝国主义思想家，1915年12月20日在一个报告中阐述了国家经济社会大型试验的基本特征：

"先生们！我想向你们报告我们经济作战方案的一个部分，它是史无前例的，会对战争的过程和成就形成巨大的影响，估计将在以后的时间持续发挥作用。这是一个近乎社会主义和共产主义的经济举措，但并不意味着像各种极端的理论所预言和要求的那样。我提供给你们的不是一个僵硬刻板的制度的理论纲要，而是一段经历过的生活，这段生活……最终导致了我们经济生活的全面转变，并使一个政府机构越出旧普鲁士国防部的围墙而问世，以令德国的经济能为战争服务……当去年8月4日英国宣战时，发生了令人愤慨和前所未有的事情：我们的国家成了被包围的要塞。陆地被封锁，海洋被封锁，一切要靠自力更生……为了重组国内的经济，为了服从战争的需要，当时有四条道路是可能的和必须要走的。第一，对国内所有的原料加以控制，任何原料都不能自行意志支配……第二：我们必须责令把境外的所有可动用的原料调入国内，只要是调得动的……我们看到的第三个可能性是通过工厂制造。我们必须考虑到，所有在国内制造出的产品中哪些是不可缺少的和购买不到的……第四：难以获得的原料通过其他容易获得的原料替代……为了完成我们担负起的任务，我们曾需要很多官方部门的配合……完成我们承担的任务首先关系到创造新的法律概念……必须找到有可能使我们改变经济循环流的基本概念。我们创造了一个新的征用概念……这个征用概念并不意味着一个商品转为国有财产，而只是对它加以限制，它不能再听凭自己或者它的所有者的支配，而是要服从更高权力的意志……这一方面朝着国有社会主义迈出了关键的一步；物资流通不再服从各种力量的自由竞争，而是对其实行了控制。另一方面，通过一些新的组织形式努力使工业实现自我管理，而且是在较大的范围内……这样，战争经济的概念便从自我管理的本质中脱胎形成，而不是源自放任的自由。"[1] 无论是美国还是德国，都面临着创造新法律概念的形势，这就是那个时代面临的新形势与新任务，法学研究就是要为社会变革提供理论支撑。

---

1. （德）库尔茨.资本主义黑皮书——自由市场经济的终曲（下）[M].北京：社会科学文献出版社，2003：386.

第三章　经济法专门化法律在美国的产生与发展

本章摘要

美国因引领第二次工业革命而导致社会经济结构巨变，法律变得滞后。通过判例法的灵活司法救济，开启了公权力干预契约自由法律原则的序幕；通过法律理论和实践的创新，突破了自由资本主义时代盛行的私有权神圣不可侵犯和契约自由的法律体系，创造了国家干预经济的法律类型。

一、"幼稚工业论"与国家干预

1776年《国富论》出版之时，大英帝国早已羽翼丰满，正在积极准备向全世界推销自由竞争的准则，而北美洲仍处在殖民地时代，为了争取独立不得不拿起武器，在战争的炮火中争取独立、自由和法律的尊严。在美国建国初期，关于选择什么样的发展道路出现了争议。"针对联邦政府的权力，存在两种对立的观点。以杰斐逊国务卿为代表的一派认为，政府权力要限制在最小的程度，以免损害公民自由；而以汉密尔顿为代表的一派认为，政府权力可以扩展到不至于损害公共福利的程度。"[1]前者钟情于优先发展农业，就像法国；后者坚持美国走工商立国之路，并提出国家干预主义的保护论，即幼稚产业保护论。"美国建国初期，汉密尔顿亲撰《关于公共

---

1. 伍山林.大国崛起的经济思想基础[N].文汇报，2016-06-17（W12）.

信用的报告》《关于国家银行的报告》及《关于制造业的报告》三份国事报告，前两份报告最终获得通过并成为法案，后一份由于观念过于超前，成为汉密尔顿唯——份没有被国会通过的报告，但该份报告中发展制造业的前瞻性思想为美国后续发展起到了指引作用。"[1] 前两份报告主要阐述利用国家权力偿还战争债务和发行国债的问题，以及建立股份制营利性的国家银行的问题，利用国家权力建立财政体制和金融力量，使之为美国的资本主义服务。《关于公共信用的报告》（1790 年 1 月 14 日提交国会）和《关于国家银行的报告》（1790 年 12 月 13 日提交），尽管在国会表决之前遭受了很大争议，但是由于华盛顿总统的支持和汉密尔顿本人的努力，最终都得到了通过；然而，代表汉密尔顿最高成就的《关于制造业的报告》（1791 年 12 月 5 日提交国会），由于时运不济（其观念过于超前了），只得束之高阁，成为汉密尔顿提交了但唯——份没有被国会通过的报告。这份报告不仅远超重商主义传统，而且对初始时期的工业革命见微知著，为美国未来的产业发展、国家崛起和超级大国地位维护，做出了初步的理论表述和政策思考。"[2] 这实际上是自由竞争的放任主义和国家干预主义在国会中的较量，前两份报告被通过成为法案，说明美国的政治、商业精英阶层对国家权力构建财政、金融力量和秩序基本认可，因为采用的方法是市场手段，是资本主义性质的。

"但是，《关于制造业的报告》就没那么幸运了。可以这样说，汉密尔顿撰写这个报告之前，与华盛顿是心照不宣的。但是，后来遇到的抵制实在太大，以至于华盛顿也认为不宜再像以前那样予以明确支持，而是采取了暂且放下以待其时的态度。"[3] 这说明，对于优先发展工业和动用国家权力发展工业，美国在建国初期基本是持否定态度的，只有汉密尔顿坚定地维护这一

---

1. 伍山林. 大国崛起的经济思想基础[N]. 文汇报，2016-06-17（W12）.
2. 伍山林. 大国崛起的经济思想基础[N]. 文汇报，2016-06-17（W12）.
3. 伍山林. 大国崛起的经济思想基础[N]. 文汇报，2016-06-17（W12）.

观点。历史惊人地相似,李斯特在德国的遭遇比汉密尔顿更加悲惨,其在生前基本被忽略了。这说明,从英国传承而来的自由竞争思想对德国和美国的影响在当时都非常大,以至于人们普遍反感国家干预,这就是思想的渗透力。中国的经济法学界也一直普遍认为,在资本主义自由竞争阶段,很少有国家干预经济的思想和法律政策,以至于经济法专门化立法的出现成了一个难解的谜。"汉密尔顿的中心思想是:彼时,美国制造业尚处于幼稚阶段,需要动用各种手段予以保护,以便催生其竞争力的提升,直到具有国际比较优势为止。在他看来,对美国尚处于幼稚阶段的制造业,可以通过多种多样的措施进行保护和支持:1. 保护关税(对作为国内物品竞争对手的国外产品征收);2. 禁止进口来自竞争对手的物品(或者征收能达成相同效果的关税);3. 禁止原材料出口;4. 金钱奖赏(作用积极直接、用起来方便、效果快捷、具有灵活性);5. 出口奖励;6. 原材料关税豁免;7. 原材料退税;8. 对国内新想法和新发现以及机器引入等进行鼓励;9. 制造品检验规制;10. 便利汇款;11. 便利商品运输。"[1]这就是著名的幼稚产业保护论,充满了国家干预主义的思想和方法。这种思想非常深刻地反映了汉密尔顿实事求是的历史唯物主义精神。他深刻观察美国的国情,从实际发展阶段出发,严肃地对待美国建国初期面临的经济形势,客观地揭示了美国发展所需要完成的任务。这种挑战当时主流经济思想的唯物历史观深深地影响着美国的崛起,一直延续到后世,直到今天。

"单就对美国影响而言,如下两点就值得特别关注。一是通过西奥多·罗斯福(Theodore Roosevelt)总统的倡导和力行,汉密尔顿将美国建立成金融与军事强国的理想基本上得以实现,在美国崛起过程中完成了最后但最重要一棒的交接。罗斯福毫不讳言自己被汉密尔顿思想所吸引,想要建立一个在全球范围拥有经济和军事霸权的强大美国,并且将这视为一切行动的指归。二是在大萧条之后,为了医治经济创伤,国家干预主义经济政策

---

[1] 伍山林. 大国崛起的经济思想基础 [N]. 文汇报, 2016-06-17 (W12).

得到了系统的实施。对此有必要提及富兰克林·罗斯福（Franklin Roosevelt，1933.3—1945.4在位）总统。在他看来，美国之所以出现大萧条，原因之一是存在汉密尔顿式的经济精英至上观念，因而有必要走一条去汉密尔顿主义的道路；但是，汉密尔顿从联邦国家角度考虑问题及政府可以干预经济运行的观念，又间接地成为'新政'的灵魂。例如，在'新政'初期，罗斯福总统推行的以举债支出以便消化存货的手法，就与汉密尔顿《关于公共信用的报告》中的某些思想具有相似之处。"[1] 美国历史上两位具有叔侄关系的著名总统在当政期间都成为国家干预理论的有力实践者，这个功劳的确要归功于汉密尔顿。这也是经济法学界一直在研究的问题。但是经济法学界的主流观点一直认为，在1929年美国"大萧条"之前不存在国家干预的思想和行动，美国一直奉行从英国传承而来的自由竞争法律原则，后来，因为这一巨大的经济危机，凯恩斯提出了国家干预理论，富兰克林·罗斯福总统接受了这一理论，因此出现了经济法。但是这个观点无法说明，1890年为什么会出现《谢尔曼法》，这可是被公认为现代经济法产生的标志。而汉密尔顿的思想告诉我们，国家干预经济的思想在美国建国之初就被确定为国策，虽然经历了巨大的阻力。因此，它与自由竞争原则一样，同样左右着美国的政治与法律原则。"在大国崛起经济思想上，要从传统重商主义，转变为新重商主义；新重商主义的基础，是重工主义；这种重工主义，是要根据美国国情，通过包括保护关税等在内的一系列政策手段，使美国在产品的创意和生产上快速地取得竞争优势，在国际贸易中成就其引领地位。"[2] 这就能够说明，在美国进入电气工业时代后，巨大的垄断企业集团出现，垄断资本主义引发的社会矛盾日益尖锐时，《谢尔曼法》的出现是很自然的，有理论和立法基础。因为在凯恩斯思想出现之前很久，在富兰克林·罗斯福"新政"之前，美国的西奥多·罗斯福总统就有"'左'倾总统"的称谓，实施了很多国家干预

---

1. 伍山林. 大国崛起的经济思想基础 [N]. 文汇报，2016-06-17（W12）.
2. 伍山林. 大国崛起的经济思想基础 [N]. 文汇报，2016-06-17（W12）.

经济的法律行为，而且努力推动《谢尔曼法》的有效实施。在他上台之前美国很少用该法裁决垄断问题。这用凯恩斯理论是无法解释的，因为凯恩斯的《就业、利息和货币通论》是在1936年才出版的，而罗斯福"新政"在富兰克林·罗斯福于1932年就任总统后就开始了。而且罗斯福总统之前的胡佛总统尽管崇信自由市场经济理论和自由竞争原则，但也并非没有实施过国家干预经济的行为。这一切只有从汉密尔顿这里开始解释，才能说明白。

揭示了这个问题之后，我们逐渐明白：李斯特在德国成为国家干预经济的主要倡导者，而李斯特的思想又是在美国时向汉密尔顿学来的，这两个国家的国家干预经济的思想最早源自汉密尔顿。这就能够合理解释经济法中的一个现象，即国家干预经济的法律和政策为什么最早出现在美国和德国，包括竞争秩序方面的法律。这不是历史的偶然和巧合，而是有着相同的思想来源，同样面临后进资本主义国家的发展困境。"整体而言，他一直大力倡导建立一个强大的国家性政府，加强其权力和效能，对各州则进行很大的限制，甚至予以废除。在与其他建国者进行思想交锋时，汉密尔顿不断调整自己的理念和主张，但前提是不能影响国家性政府履行其职责的效力。"[1] 汉密尔顿对联邦政府集权的设想很有前瞻性，有些内容至今也无法在美国实现，可以说他是系统提出国家干预经济理论的美国政治家、思想家，经济法学由来已久的追根溯源，这里是源头之一。当然，汉密尔顿的知识与灵感肯定也是从前人那里学来的，但这是将来需要再进一步研究的题目了，因为遥远的古代社会就有国家干预经济的思想与政策，例如管子的思想、桑弘羊的思想等，此处暂且不详细论述。

二、电气工业革命与市场巨变

美国在建国后，由于各州自行其是，国力弱小，经济较之于英、法落后

---

1. 梁红光，叶凡美. 汉密尔顿的联邦制理念与美国早期的国家构建[J]. 历史教学，2013，4.

很多。19世纪中后期，通过战争和购买的方式，美国的国土面积不断扩张。诱人的招商政策，使得英国很多优秀的技术工人源源不断地进入美国，带来了工业革命的火种，并在北美大地上迅速蔓延。尤其在南北战争结束后，国家集中统一，联邦力量不断强大，工商业经济迅猛发展。由于受汉密尔顿思想的影响，美国并没有实施完全放任自由的市场经济政策，而是采用关税壁垒和其他贸易保护主义的政策，使得资本主义经济很快成熟起来，并在更加开明、开放的激励政策引导下迎头赶上了电气工业时代的潮流。"19世纪后半期，在第二次科技革命的推动下，美国迅速完成了近代工业化，国民生产总值由1869年—1873年的67.1亿美元上升到1897年—1901年的179亿美元；1860年美国工业生产在世界中所占的比重为17%，位居英国之后；但到了19世纪80年代初，美国工业在世界工业中的比重，就已与英国平分秋色；到1890年这个数字则改写为31%，上升到第一位，取代英国成为名副其实的世界工厂。"[1]这组数字的背后是一个个庞大的托拉斯的诞生，当时它们被称为各个行业的"大王"，如"铁路大王"范德比尔特、"钢铁大王"卡内基、"石油大王"洛克菲勒、"电话大王"贝尔、"金融大王"摩根、"电影大王"爱迪生，还有诸如牛肉大王、电力大王、无线电大王等等。

这些行业的发展得益于美国对外的贸易保护政策和国内的自由竞争政策，实业生产者、经营者、科技创新人和投资者在努力奋斗中逐渐扩大了各自的资本主义企业，再加上逐渐成熟的资本投资和交易市场，在联邦政权的统一庇护下，各路"大王"纷纷出现，他们不断地开拓市场，不断地扩大市场份额，成为富可敌国的庞大经济体。他们利用自己在市场中取得的绝对的竞争优势，不断发号施令，控制价格，在契约自由的法律原则庇护下大胆地强行收购众多的中小竞争对手。"1889年，约瑟夫·凯普勒创作了一幅名为'参议院的老板们'的漫画，画中展示了身形渺小的参议员们坐在会议室中，而站在他们身后的是一排脑满肠肥、头戴礼帽的人物形象，他们身着马甲，

---

1. 唐晋. 大国崛起[M]. 北京：人民出版社，2007：403.

上面印着'钢梁托拉斯''铜业托拉斯'和'糖业托拉斯'的字样。19世纪末20世纪初，许多美国民众都很认同这位漫画家的观点，认为巨型商业联合体才是他们生活的实际控制者，或者至少就他们的经济生活来说是这样的。政治家们觉察到了这种恐惧和敌意，并且将其转化成了民众对改革和立法的呼声。个别人的垄断意图、对政府优惠政策的不断索取，以及对待劳工的恶劣态度，这些都导致19世纪后期商人们的形象变得愈发虚伪……从另一方面来说，各家企业都希望回到政府为商业寡头势力开绿灯的时代，甚至是倒退回封建时代，因为在那个时代，雇主是可以对劳工们为所欲为的。企业家们的态度使得许多人都怀疑，这些'强盗资本家们'其实是通过违反道德标准的或非法的途径获得巨额财富的，而这种成功实际上是建立在牺牲劳工、农民、消费者和其他小企业的基础上的。"[1]

就这样，引领第二次科技浪潮的美国变成了垄断阴影笼罩下的联邦经济体，整个市场结构发生了巨变，中小企业经常遭遇灭顶之灾，消费者深受大企业的剥削，劳动者成为悲惨世界中的主角。而这时自由竞争的法律和思想已经在美国得到全面实施，市场变成了大企业自由竞争的天堂，巨大的经济力使大企业可以通过自由签订契约的方式以极低的价格收购中小企业，而法律对这种自由竞争并不加以干预。正是因为这一巨大的市场变化，唤起了美国早期的国家干预主义的经济思想。由于许多农场主和中小企业纷纷破产，"在这种情况下，由农场主的组织等发起的反托拉斯运动很快形成规模。为了平息不满，1889年得克萨斯、缅因等五州率先通过了反托拉斯法；1890年其余一些州也通过了反托拉斯法"。[2] 于是联邦的《谢尔曼反托拉斯法》在1890年7月出台了。它不是历史的偶然现象，而是有深厚的思想基础和历史基础的。

---

1. （美）施韦卡特，多蒂. 美国企业家——三百年传奇商业史[M]. 王吉美，译. 南京：译林出版社，2013：172-173.
2. 由嵘. 外国法制史[M]. 北京：北京大学出版社，1992：456.

三、放任的市场与滞后的法律

美国虽然在保护工业方面采用了贸易保护主义理论，用汉密尔顿和李斯特的理论支持美国早期工业的孵化、发展并壮大，但在国内竞争中逐渐采取了放任自由的竞争政策，推行自由资本主义竞争政策。法律上的表现之一就是契约自由的法律原则逐渐被建立起来。由于受欧洲自由、民主思想的影响，美国建国后传承了英国的判例法习惯，并伴有制定法的出现。由于资产阶级革命的不断胜利，欧洲封建时代形成的身份等级被自由、平等的契约所打破，契约自由法律原则在18世纪通过判例法和制定法得到了确立。1804年《法国民法典》第1134条规定，依法成立的契约，在缔结契约的当事人间有相当于法律的效力。除非该契约违反了该法典第6条所说的公共秩序或善良风俗，才不具有法律效力。而在美国，契约法的契约自由原则到了19世纪也逐渐建立起来。"1810年发生了'弗莱彻尔诉佩克案'（Fletcher v. Peck）。该案涉及的事实是：1795年佐治亚州议会多数议员接受贿赂，通过一项法律将从印第安人手中获取的数百万英亩土地廉价卖给地产公司。后者把土地分割并以高价出售。后来的议会通过一项法律，宣布撤销前届议会出售土地的立法。但许多土地已经转移到不知情的第三人手中，由此引起诉讼。此案诉至联邦最高法院。最高法院认为，该州后届议会的法律无效，因为它违反了宪法规定，宪法中明文禁止各州通过破坏契约义务的法律；佐治亚州与地产公司的契约是已经履行了的契约，对当事人具有拘束力；该州后一项法律破坏了契约自由的原则；至于前届议会收受贿赂，则属于另一个问题，不能因此宣布其立法无效，使包括善意第三人在内的当事人权利受到损害。这项判决使契约自由的原则得到正式确立。后来在1897年的一项判决中，联邦最高法院认为契约自由属于宪法第14条修正案中'正当程序条款'所保护的内容。此后，以正当程序为武器，将许多干涉契约自由的联邦和州法宣布为违宪无效。最高法院在1908年的一项判决中，宣布纽约州关于限制面包工人工作时间的立法无效；1923年宣布哥伦比亚特区关于规定妇女和童工工资标准的法律无效。在本世纪前的25年，许多规定最低工资和最高工时以及禁止童工的立法都被认为干涉契约自由，从而被宣布无效。"[1]这是我们看到的关于美国契约自由原则产生的最清晰的文字表述，在具体的立法和司法发展中有非常具体、可见的痕迹，是在美国的具体历史中表述，而不是模糊的描述，这样就与逻辑统一起来。这就是美国19世纪初从法律角度体现的放任自由和国家不干预。但是，随着垄断的出现与壮大，逐渐出现了利用契约自由法律原则破坏社会公平的现象，而且越来越普遍。

19世纪末期，美国的矿难不断发生。企业主利用自由原则随意制定劳动时间、条件，在当时出现了200万童工，据说最小的只有4岁。劳动时间长，工资低，极容易出事。"由于修建太平洋铁路，美国开始从中国引入大量华人作为廉价劳动力。在1865年至1869年间，大约1.4万名华工参加了这项工程，占到工人总数的90%。在地势最险峻的路段，施工人员均以华人为主。大量华工在高强度、高风险劳动中死亡，甚至可以说，在太平洋铁路的'每根枕木下，都埋着一具华工尸骨'。然而，在太平洋铁路的竣工仪式上，没有一位华工受邀出席，也没有一个人提及华工所作出的贡献。"[2] 1882年国会居然通过了臭名昭著的《排华法案》，契约自由原则被滥用到令人瞠目结舌的地步。美国的资产阶级已经为自己掘好了一座座坟墓，再往前一步，就会集体跌入万丈深渊。

《标准石油公司的历史》的作者埃达·塔贝尔揭露了洛克菲勒是如何收购她的父亲以及众多小炼油商的公司，导致其破产的。洛克菲勒直接将企业主们邀请到自己的办公室，直截了当地提出收购被邀请者的公司，如果不从

---

1. 由嵘. 外国法制史 [M]. 北京：北京大学出版社，1992：531.
2. 迟到了130年的道歉　美国排华法案前世今生 [EB/OL].[2012-06-20] 广州日报大洋网，https://www.dayoo.com/.

就威胁其上下游的经营者，逼迫经营者中断与被收购者的生意，待后者弹尽粮绝、四面楚歌之时，再以极低的价格收购，而这一切都是在契约自由的法律原则保护下发生的。著名的发明家爱迪生也成立了电影托拉斯和电影专利公司，用标准必要专利向其他电影发行者收取高额的专利费，否则就通过诉讼或其他暴力手段打击竞争对手，直至其被打垮。这些契约自由的竞争行为严重破坏了市场竞争的公平性，也阻碍了新技术的研发和推广。19世纪末的美国垄断者们就是在这样的背景下操纵着美国的经济命脉，威胁着成千上万个中小公司和庞大的消费者群体。而这一切都在契约自由的法律原则下冠冕堂皇地走向市场深处，巨大的破坏后果无法在当时的法律框架内被公正评价，法律在野蛮的混乱局面中无可奈何，正义的有识之士盼望新的法律出现，以挽救资本主义的危局。

四、判例法哲学的历史突破

英美法系的传承以判例法为特色，在垄断集团们肆无忌惮地使用契约自由原则对自由竞争市场进行无情冷漠的破坏时，改良主义的思想也逐渐渗透到法官们的判决中。

在美国，秉承英国而来的自由资本主义传统也传承了自由秩序下的法律结构，它在维护自由竞争、契约自由的过程中也遇到了新的问题和麻烦，但又不能像德国那样求助于社会主义思想而使资本主义发生变异，因此它需要改进原有的法律结构。例如1809年后，富尔顿的密西西比轮船公司获得了纽约州立法机构给予的特权，垄断了密西西比河及五大湖水域的运输航线。1817年，新泽西蒸汽轮船公司雇佣的科尼利厄斯·范德比尔特开始向富尔顿垄断的新泽西伊丽莎白地区和纽约之间的水路发起竞争与挑战，降低运费以抢夺客户，被起诉至法院。"虽然正义的车轮前进缓慢，但最终在1824年的吉本斯诉欧格登案中，最高法院作出判决，只有联邦政府而非各州政府可以管理州际贸易。"[1]这是在维护自由竞争过程中发现政府授权垄断后进行的反垄断判决，对自由竞争进行了新的诠释，维持运河运输垄断的同时也开始对垄断特权予以限制。这说明，自由资本主义不管以什么形式出现，自由的竞争和政府垄断或政府授权下的垄断都会先后出现。授予某些行业或公司以特许经营权是历史上常见的现象，这种现象实际上在古代社会就有，比如政府公营的企业或行业、行会的垄断经营。[2]这种行为的过度发展就会影响正常的竞争秩序，因此，法院的判决打破了一段时间内形成的自由竞争的法律观念。司法权通过判例创造出了新的法律原则，出现了司法干预竞争的审判原则。

通过判例法干预自由竞争的案例不断增多，行政或立法干预也逐渐产生。"杰克逊努力阻止纸币买地行为，并在1836年颁布了铸币流通令，强制买地者使用铸币在西部购买土地。与此同时，杰克逊将联邦政府的盈余资金归还给了国家，但与所付税款不成比例。政府大量转移资金并向各个领域投资的行为，引起了金融市场的动荡，随着铸币流通令的结束，1837年的大恐慌开始了。根据哈蒙德的解释，杰克逊需要为恐慌时期以前的通货膨胀负责，并要为他所制定的政策负责，正是这些政策，导致了美国史上最为严重的经济萧条。"[3]我们从中可以看到政府之手干预经济的实际行为，而这个时代恰好是自由竞争原则盛行的年份，无论结果如何，美国当局已经开始了行政干预经济的行为。这些都为政府出台干预政策做了铺垫。这其中既包括行政干预经济的情形，也包括立法干预的情况。"对于银行和资金的需求仍然

---

1. （美）施韦卡特，多蒂. 美国企业家——三百年传奇商业史[M]. 王吉美，译. 南京：译林出版社. 2013：80-81.
2. 清道光十二年（1832年），清政府为了消除盐业"引商"们的暴利进而改革《盐法》，改"纲盐制"为"票盐制"，对持有盐引"窝本"的庄家与大户课以"重税"，新式盐引被称为"盐票"，价格随行就市，以此打破盐业的垄断与专营。"票盐制"的利害之处并不是消除了盐引和引商对盐引的垄断，而是取消了行盐地界。
3. （美）施韦卡特，多蒂. 美国企业家——三百年传奇商业史[M]. 王吉美，译. 南京：译林出版社，2013：88.

没有衰减，这引发了一些改革，包括普通公司法（此法律应用于银行时叫作自由银行法）、原始存款担保或者叫作保险基金，以及清算安排。自由银行法允许任何个人或者公司建立一家银行，但前提是要与国务卿商讨并将已定价值的可接受债券归入存款中。企业家们经常会使用州政府债券或铁路债券。自由银行给一些州政府带来了无法遏抑的灾难，这就使得政府不得不加大对银行系统的监管力度，但是在大多数案例中，这些情况归根结底是不健全的州法律导致的。当对法律做出修改后，自由银行证明了它是特许银行稳定且高效的替代者。纽约州试图通过建立一项储备基金以减少银行的损失，这个储备基金叫作'安全基金'（1829 年）……波士顿尝试了一种不同的做法，在 1852 年建立了一家结算所协会。"[1] 因此，对自由竞争的理解不能绝对理想化，国家总是通过法律手段对危害经济的行为进行矫正，只是表现形式和力度不太一样而已。我们深入美国的经济历史之后才发现了这些令人惊奇的案例，它们时刻提醒我们，契约自由原则、营业自由原则在自由竞争盛行的时代就已经受到干预，只是并不普遍而已。但是它们却突破了自由竞争的刚性原则，被狠狠地撕开了一些大裂口。

五、傲慢大亨与法律的囚笼

我们在经济法学的理论研究中经常会提到，竞争法出现的首要原因就是垄断的形成。19 世纪末，自由竞争逐渐被垄断竞争取代，最典型的表现就是一大批大亨的出现。标准石油公司的创始人约翰·洛克菲勒最早只是一个商行的会计，因不满老板拒绝加薪的要求而愤然辞职，自己创业。经过艰难的拼搏，1870 年他创办了标准石油公司，到 1882 年很快就形成了巨型的石油托拉斯。当时的石油主要用于提炼煤油，直接影响人们的照明，石油托拉

---

1. （美）施韦卡特，多蒂. 美国企业家——三百年传奇商业史 [M]. 王吉美，译. 南京：译林出版社，2013：89.

斯的形成使洛克菲勒成为19世纪第一个亿万富翁，同时也开始影响美国和世界。强硬的收购指令披上了契约自由的外衣，傲慢的洛克菲勒先生总是约谈他的收购对象，希望对方成为标准石油公司的"伙伴"，全家安详富足地生活着；如果不从，则会掐断其上下游的商业伙伴链条，逼迫其就范。被约谈的中小企业主们走投无路，不是投降就是破产。前文所述埃达·塔贝尔的父亲就是其中一例，最后的结局是破产，作者撰写《标准石油公司的历史》就是为了揭露笼罩在契约自由法律原则之下的黑暗天空。1890年通过的《谢尔曼反托拉斯法》也是在艰难的斗争中与傲慢大亨的较量。19世纪末标准石油公司垄断了美国80%的炼油工业和90%的油管生意，并且在全美各地、各行业迅速蔓延开来。到1890年，它控制了全美95%的炼油生意，并且打败了铁路大王范德比尔特，控制了一些干线铁路，还将手伸向中国和欧洲的市场，向中国分送了几百万盏廉价的煤油灯，被称为"点燃亚洲光明之灯"，目的就是让中国人购买标准石油公司的煤油。后来又成立了英美石油公司、德美石油公司，购买了荷兰、意大利石油公司的股份，与花旗银行、曼哈顿-大通银行以及保险公司组成七大金融集团，控制行业价格，打击竞争对手，严重破坏了美国的自由市场。1892年，标准石油公司被法院裁判为垄断违法，洛克菲勒被迫将资产转移到各个下属公司，但仍然由托拉斯董事会统一操控。在不断进步的竞争法思想的影响下，在1911年的美国诉标准石油公司案中，这头傲慢的大象最终被击倒，至今也没有恢复元气。

这就是垄断的具体体现，在当时的美国社会中，引领技术、市场潮流的行业"大王"们不断扩大自己的市场份额，建立自己的商业帝国，骨子里渗透着自由竞争的精神与私法自治的血液，契约自由与自由竞争成为对抗国家干预的最好借口。自由资本主义时代创制的法律体系和法律原则，成为市场竞争的囚笼，国家、政府眼睁睁地看着这一切在面前发生，却无能为力。来自政府、司法、立法、社会的对抗力量形成一缕缕涓涓细流，渗透着这些巨型的庞然大物和傲慢无比的大亨们。爱迪生组建的电影托拉斯和电影专利公司不断对美国的竞争对手发动攻击,手段无所不用其极。在亨利·克卢斯所著的《华尔街回忆录》(2010年中国友谊出版公司出版)中,作者以亲身经历描写了从1857年到1907年美国金融发展的历程,从自由放任到大崩溃、大恐慌,金融市场成了大亨们耀武扬威的战场,国家成为大亨们嘲笑的对象,当局要向大亨们求助才能保证国家的金融安全,这一切深深地刺激了当朝的权贵们。1890年,美国财政部根据《1878年布兰德-埃勒森法案》共购入白银2.913亿盎司,但是市场价还是跌到了每盎司93美分。当年又紧急通过了《谢尔曼白银收购法》,将白银收购的数量增加了一倍。截至1893年,国内已经出现金融恐慌情绪,只能废止《谢尔曼白银收购法》。银价还在下跌,黄金储备也在急剧下降,联邦政府发行了国债来应对,但是形势仍然岌岌可危。1895年,克利夫兰总统只能到华尔街寻求投资银行家的帮助。[1] 1907年6月,纽约市市政债券发行失败;1907年7月,铜交易市场崩溃;1907年8月,洛克菲勒的美孚石油公司被罚款2900万美元;1907年9月,股市已下跌了近四分之一;1907年10月,那只掀起飓风的蝴蝶出现——尼克伯克信托投资公司遭到清算。老罗斯福不得不借重摩根的力量来稳定大局,他在最后时刻被迫签下城下之盟。此时距星期一股市开盘仅剩5分钟。傲慢的大亨们俨然以救世主的面貌出现,国家干预市场的力量太过弱小,经济法的出现甚至成为昙花一现。自由的私法体系成为大亨们冒险的乐园,他们讨厌被经济法的笼子罩住。

放任的自由竞争已经严重地冲击着基本的社会竞争秩序和统治安全,当局的有识之士即使想动用公权力来管控这一切,无奈放任主义和自由竞争原则的法律原则已经像一个钢铁囚笼牢牢地限制着国家力量的渗入。一边是社会动荡不安,一边是无可奈何,而且无法跨越法治的原则,因此,制定体现国家干预主义精神的专门立法是历史的必然,也符合历史发展本身的轨迹。我们从逻辑上经常论证自由竞争过度就必然会产生国家干预,现在我们从史

---

1. (美) 休斯, 凯恩. 美国经济史 [M]. 杨宇光, 等, 译. 上海: 格致出版社, 上海人民出版社, 2013: 428.

实中也准确地找到了这种证据。大亨们当时对国家的威胁已经到了让统治者们无法接受的地步了，因此寻找允许国家干预的法律概念是理所当然的。约翰·洛克菲勒到了晚年也不理解美国当局为什么要残酷地肢解他的石油帝国，他并没有意识到自己的垄断行为对美国到底产生了多大的威胁。这就是被称为经济法产生标志的美国反垄断法《谢尔曼法》所面对的傲慢大亨，他们站在财富的塔尖，追求意思自治、利益最大化和自由竞争，反对国家力量干预这一切，崇尚资本主义，仇视共产主义和集体主义。

谢尔曼是美国资深的参议员，面对美国社会高速发展带来的复杂社会问题，他予以深切关注。从1879年美孚石油公司垄断组织出现以来，美国的行业大巨头纷纷开始破坏传统的自由竞争原则，谢尔曼撰写了反托拉斯法的书籍，并推动其成为法案通过。他是世界经济法学界公认的经济法专门化立法的代表人物。在谢尔曼之前，人们很少能找出经济法部门在现代社会的标志性专门立法，其主张利用国家力量来限制垄断力量的法律思想成为现代经济法的思想渊源之一。在谢尔曼去世之前，《谢尔曼法》并没有被强力实施，由此可以想见来自大亨们控制的垄断巨头的阻力。在德国，俾斯麦时代就有了经济法专门立法，但是目前还没有发现像美国《谢尔曼法》这么有特性的专门化立法，这就需要深入研究俾斯麦时代的法律，看它们与《谢尔曼法》有什么不同。美国在经济法的制定方面能引领世界，这也说明其深受大陆法系的影响。有了这样一个经济法专门立法的标准，大量类似的经济法纷纷出现，在以国家干预思想为原则的基础上，各种类型化的经济法也大量出现。这是一个良好的开端，是将汉密尔顿、李斯特、社会主义思想逐渐融入西方法律体系的一个重要标志，是西方社会由私法自治时代向国家干预时代的转型。

六、"左"倾总统与法律社会革命

在美国历史上，最早采用国家干预主义思想和法律的总统当属西奥多·罗斯福，他被史学界称为老罗斯福，以区别于他的远房侄子、实施"新政"的富兰克林·罗斯福总统。在美国的南达科他州，有一座总统山，有四位总统的头像被永久地雕刻在山上，他们是乔治·华盛顿、托马斯·杰斐逊、亚伯拉罕·林肯，最后一位便是西奥多·罗斯福，而且是20世纪唯一的一位，说明他在美国人心目中的重要位置。老罗斯福的上台很偶然，因为其"左"倾思想显著，因此并不被资本家们青睐。1901年垄断巨头们赏识的麦金莱总统被无政府主义者刺杀，老罗斯福未面对《圣经》宣示就成为美国总统。这使垄断大资本家们慌了神。此时恰是美国垄断资本大力扩张之时，麦金莱总统主张在世界市场上发挥美国公司的力量，因此采取放任垄断资本扩展的政策，虽然《谢尔曼法》已经颁布了，可是很少用来对付大公司。老罗斯福上台伊始，就开始对大公司下手，因为他深深了解垄断对统治的威胁。在1901年12月4日提交国会的咨文中，老罗斯福提出了自己的反托拉斯政策。他要求国会立法，对托拉斯的经营活动给予合理的限制。而他最出名的反托拉斯行动，就是使垄断包括北大西洋铁路公司、昆西铁路、芝加哥铁路在内的一大片铁路运营范围内运输的北方证券公司遭到起诉，并最终在最高法院以5∶4的判决裁定该公司违反了《谢尔曼法》。他先后对四十多家公司提起诉讼，解散了牛肉托拉斯、石油托拉斯和烟草托拉斯等。老罗斯福也因此获得了"托拉斯爆破手"的美名。从中我们可以看到美国当时国家不干预思想的盛行，国会在1890年颁布的反托拉斯法居然在十年多的时间里未被有效实施，而老罗斯福改变了这个趋势，他像一把钢刀深深地插入了垄断竞争的体内，在经济法的早期历史上写下了浓浓的一笔。这绝对算得上一场法律的革命，是对放任自由的法律体系进行的一次相当深刻的挑战。这需要勇气，因为历史上美国总统被刺杀的比率很高，罗斯福的前任就是被政见不同的无政府主义支持者刺杀的。把国家力量干预的原则楔入民主国家的自由法律体系是一件很不容易的事情，尤其在当时的历史条件下。因此，经济法研究者在提及《谢尔曼法》这一现代经济法出现的标志时，决不能片面地、孤立地评价它的历史意义，而是要用放大镜把老罗斯福突显出来，真正挖掘出他对美国经济法的影响。

对大公司垄断的可怕影响，老罗斯福在任纽约州长时就注意到了。他说："在美国纽约州，参议员普拉特是共和党的绝对领导。他的背后有'大公司'的扶持，可是，在那时，人们不能真正看清他的力量中最主要的因素……可是，大公司的老板们支持了他大笔的钱财，这让他可以紧紧地控制权力组织，而且担保当法律威胁到这些大老板们时，普拉特掌握的权力组织可以出手相助。这些钱财是打着竞选的幌子以发展共和党为名义捐出的；当钱财捐出来后，人们很少讨论具体的回报方法。这些钱财仅为普拉特所掌管，由他把这笔钱作为专项竞选经费。之后，他将这些钱配发到候选人和共和党领导人最急需的地方，一般，老板们不要求候选人和共和党领导们给出承诺，给承诺也是普拉特先生或他的副手们要做的事。不需要承诺，这是'绅士们'彼此心照不宣的事。"[1] 老罗斯福上任后，与普拉特这位资深的参议员发生了巨大的摩擦，因为他触动了普拉特背后的傲慢大亨们的奶酪。罗斯福拒不相让，在任州长期间便与垄断大公司展开了斗争，并称自己"像一头勇敢的倔驴"。

1901年就任总统后，罗斯福指出，"任职总统的期间，我必须解决的一个重大问题就是：国家对大公司的态度"。他意识到，"政府控制的完全缺位使得国家的金融界以及工业界中的自然人还有法人力量（或是公司力量）迅速地增长"。他看到了少部分精英的深刻认识，"这些人逐渐发现，陈旧的放任自由经济学家与无限制竞争的崇拜者以及无限制的个人主义的教条在现实的运用中都是不对的。他们意识到，政府一定要出面干预来保护劳工，把大公司的利益置于公共福祉之下，制裁那些奸诈狡猾的人"[2]。罗斯福总统看到了垄断的危害，看到了劳工的弱小与悲惨命运。他看到一位女孩在没有任何

---

1. （美）罗斯福. 西奥多·罗斯福自传[M]. 姜延峰，译. 武汉：华中科技大学出版社，2015：187-188.
2. （美）罗斯福. 西奥多·罗斯福自传[M]. 姜延峰，译. 武汉：华中科技大学出版社，2015：258-259.

保护设施的危险机械旁边工作，老板却说她有权利自由选择是否签合同让自己置身于有生命危险的工作中。他意识到她没有其他选择，"要么是忍受饥饿，要么让自己身处在危险的工作中。若她失去了一只手或者是受到了其他的人身损害，那么，在企业经营当中容易发生的风险以泰山压顶之势降临到她那柔弱的肩膀上，而通过她的劳动来赚取到大把钱的人没有任何义务，这不就是道德上的错误吗？"[1]这位美国总统眼光犀利，充满正义感，看到了社会主义者关注的问题。他实践了自己的诺言，用自己的行动来纠正资本主义的弊端。他将那些大公司的老板与雇佣的律师、主编的关系形象地比喻为木偶与提线人的关系。

阻力首先来自联邦最高法院。1890年《谢尔曼法》实施之初，行业合并与垄断并没有严格区分。"1895年，糖业托拉斯的原产量占美国糖产量的50%，通过交换股票的方法获得了费城三家公司的控股权，如此一来，这个托拉斯就掌控了糖产品98%的份额。在克利夫兰执政的时候，政府对糖业托拉斯（并购骑士公司案）进行诉讼，利用反托拉斯法将对这些公司的收购取消。美国的联邦最高法院，仅有一张不同意票，持与政府相反的态度，其理由是：宪法赋予联邦政府管理以及控制州际商业的权力，并没有使其延伸到州邦的生产或制造领域；而《谢尔曼反托拉斯法》中并没有禁止公司以交换自己的股票这样的方法获取其他公司的全部股票的内容，如此的股票互换在法庭看来是不属于'商业的'。这个判决导致的不只是反托拉斯法的无力与苍白，并且还相当于宣布，按照宪法，联邦政府没有办法通过真正有效的法律打击或是掌控这样的并购。"[2]这就是罗斯福总统上任时面临的法律状况，糖业公司并购骑士公司案一度使得美国联邦政府被剥夺了处置行业垄断、抑制垄断、控制以及管理并购的权力。罗斯福总统又下令发动了对美国烟草公司和标准石油公司的反托拉斯诉讼，后来又启动了对北方证券公司的反垄断

---

1. （美）罗斯福.西奥多.罗斯福自传[M].姜延峰，译.武汉：华中科技大学出版社，2015：270.
2. （美）罗斯福.西奥多.罗斯福自传[M].姜延峰，译.武汉：华中科技大学出版社，2015：259-260.

诉讼案，并最终大获全胜。他夸赞诺克斯、穆迪、波拿巴等几位优秀的法学家的贡献，并将他们任命为最高检察官。他指出："判决这些案子使得我可以去指示建立起一个完全的权威制度，利用这个权威制度能够动用国家力量来控制垄断性的操控……北方证券公司这个案子的胜利毫无疑问已经将政府对付大公司的权力确立了。"[1] 这就是美国经济法建立之初的状态，自由竞争、契约自由这些19世纪初建立起来的法律原则，这些曾经在资本主义兴起的历史中起到过重要作用的制度，到老罗斯福任职时已经变成了祸国殃民的代名词，如果不用国家力量来阻止这一切，估计美国早已经成为人类历史的过客。这也是经济法专门化立法出现后最早的证据，在判例中体现了国家意志，并将经济法专门化立法中包含的国家力量真正释放出来了。罗斯福总统是经济法的创造者、推动者，必然会在经济法的历史中留下浓重的一笔。

七、进步运动与法律文明

老罗斯福执政的时代拉开了美国进步运动的序幕，他也是美国进步运动的主要代表人。经过1775—1783年的独立战争，美国摆脱了英国殖民地的命运，通过了《独立宣言》《联邦宪法》等重要法律文件，严格限制了政府对社会与经济生活的干预，排除了英国宗主国的干扰，获得了自由、民主的发展空间，工业迅猛发展，到1894年时，工业产值超过英国，跃居世界第一。财富暴增的美国是建立在放任自由竞争与极端个人主义哲学的基础上的，高速飞跃的过程中产生了大量尖锐的社会矛盾，这些矛盾无法在原有的传承自英国的法律体系中得以化解，不断淤积，引发了巨大的社会冲突。

大公司的垄断严重地破坏了美国传统形成的自由竞争，操纵价格、欺诈、腐败等现象横生。"在议员的选举上，垄断企业利用各种手段对候选人进行资助，一旦候选人当选，就需要制定相关的有利法律政策用以回报这些

---

1. （美）罗斯福. 西奥多·罗斯福自传[M]. 姜延峰，译. 武汉：华中科技大学出版社，2015：262.

当初支持他的垄断企业。垄断集团还通过采取在参众两院派代表参与国家法律政策制定的方式，以达到维护利益的目的。垄断组织对法律的实施也带来了消极影响。19世纪末，垄断企业常常以对法官和陪审团进行贿赂的方式干涉司法活动。美孚石油公司为了不让其竞争对手获得巨额的赔偿金，采取了恐吓、收买该案证人、贿赂法官以及陪审团、破坏案件证据等非法手段。"[1]繁荣的背后是一幕幕肮脏的交易，富足的脚下是一批批赤贫的穷人，法庭判决的背后是对正义的亵渎，一切都在盛世万花筒的照耀下熠熠生辉，一切都面临崩溃。到了20世纪初，美国以中产阶级为代表的有识之士发起了"进步运动"，一部分是中小企业主和农场主，一部分是随同工业化进程同步壮大的有强烈职业情感和社会责任心的自由职业者，他们对政治腐败和工业化带来的反社会、反人性现象予以揭露和批评。他们极力反对一小撮党魁操纵下的两党政治，参加文官改革运动和共和党脱离派运动，掀起90年代的"黑幕揭发"运动，要求限制垄断资产阶级的唯利是图与专横跋扈，倡导加强联邦政府对经济的监督和管理。这一运动直接导致了美国的政治与司法进步，社会公众给予强大的舆论支持，社会价值取向逐渐脱离放任主义，而此时老罗斯福恰好顺应时代潮流，推出了一系列回应民众呼声的改革。

这一进步运动最大的进步就是冲破了司法审查以契约自由为出发点对立法进步的阻挠。"大量以维护社会安定为目的的立法，不能顺利通过正当程序的关卡。在20世纪的前25年中，联邦最高法院否定了各种关于工作时间、禁止雇佣童工、保证最低工资、禁止所谓的'黄狗契约'（契约中规定工人不得加入工会，以此作为受雇条件），或在解决劳工争端中禁止发布禁令等法规的效力。"[2]1900—1917年美国在政治、经济和社会改革领域发生的进步运动推动了这一司法乱象的控制，因为它的影响太坏了，严重地动摇着美国取得的文明根基。"按照杰克逊法官的说法，20世纪前半期，只有很少

---

1. 赵梦远. 谢尔曼法的出台背景研究[J]. 社会与法，2013，3.
2.（美）施瓦茨. 美国法律史[M]. 王军，洪德，杨静辉，译. 北京：法律出版社，2018：216.

一部分改革性的立法能够侥幸通过正当程序的交叉火力幸存下来。统计数字表明了司法控制的影响：在1890年至1937年，联邦最高法官宣布有55个联邦法和228个州法无效。结果，人们怨声载道：'我们的法院已养成了几乎是随心所欲滥用手中巨大权力的习惯。'"[1]进步运动同时在联邦、州和市三级展开，强烈要求更多的反对托拉斯法案出台，要求保护托拉斯阴影笼罩下的各类社会利益主体的正当诉求，要求管控最高法院戴着有色眼镜、总是倾向富人的不公正判决。

西奥多·罗斯福和伍德罗·威尔逊就是他们的政治代表。老罗斯福坚决反对社会主义学说，希望通过改革澄清吏治，提高效率，因此他要求通过新法案缓解社会矛盾，促进社会公平，以拯救美国的资本主义。老罗斯福认为政府应加强对铁路运输和跨州贸易的监管和规范，使国会于1906年通过了《赫本法案》，授权州际贸易委员会设立铁路运费上限，同时也禁止铁路公司为关系公司免费运输货物。同年，他还促使国会通过了《食品和药物纯净法案》和《肉类产品监督法案》，对养畜和肉类加工企业进行稽查和实施强制卫生标准。1903年他在佛罗里达州设立了第一个鸟类保护区；1905年他敦促国会成立美国林业服务局，管理国有森林和土地。他还设立了大量的国家公园和自然保护区，这些都成为美国经济法和社会法专门立法的典型代表。这些立法都没有遭到最高法院的否决，于是成为实施到今天的经济法。从那个时代来看，这是一场激烈的法律斗争，经济法是从契约自由的夹缝中生存下来的，是美国进步力量与垄断资本殊死较量的成果。

在政治学领域，伍德罗·威尔逊打破传统思想的束缚，强调政府机构应少考虑制约和均衡，多考虑权力的协调和运转。针对垄断组织对市场经济的操纵，他主张政府管理经济，干预社会生活。这位曾经的法学和经济学教授在上任后认真贯彻自己的政治思想，在1913年敦促国会通过了建立联邦储

---

1. （美）施瓦茨.美国法律史[M].王军，洪德，杨静辉，译.北京：法律出版社，2018：216.

备系统的议案，建立了一个能根据国会意志自由印刷纸币的国有中央银行，也留下了对私人银行施加影响的法律空间。统一的金融管控从这时起步，专门化的金融监管系统初现雏形，为今天庞大的货币政策的运转奠定了基础，为今天的经济法学界创建金融宏观调控的概念勾勒了最初的图画。1914年通过了《史密斯－莱佛法案》，创建了一个现代化农业增产专员系统，派遣由各大学支持的技术专员向农民讲授新技术。1916年设立联邦农田贷款委员会，为农民提供低息长期抵押贷款。他在反垄断法的实施上更进一步，突破了两位前任——塔夫脱和罗斯福针对个别垄断财团打官司式的反托拉斯方法，改为通过联邦贸易委员会阻止不公平的交易行为来鼓励竞争。他还迫使国会通过了《克莱顿反托拉斯法案》。这一切堪称巨大的进步，使得国家对社会管理的法律含义得到逐步明确，不再是笼统的契约自由，法律的达尔文主义式的进化在美国开始了艰难的行程，这位现代化经济法的创造者和推动者在美国的法律史上留下了光辉的一页。这就是进步运动带给美国的法律进步，政治精英们不会承认社会主义理论，但是暗地里却输送社会主义理论中合理的内核，然后在资本主义民主革命上升时期创建的法律体系中硬生生地挤出一处空隙，帮助那个时代的美国逃过了生死之劫。

八、大崩溃过后的法律秩序

国家干预经济的思想在汉密尔顿提出后在美国备受争议，在法律的实施中也屡受磨难，但是，这种思想却在一次次的挑战中赢得了胜利。1929年的大危机家喻户晓，进步运动推动下的美国在第一次世界大战中赚得盆满钵满，富得流油，自由资本主义在与国家干预主义的较量中又占了上风，战时经济的发达让自由市场如同脱了缰的野马，但是生产贸易的繁荣又将金融推上了贪婪的深渊，最后华尔街股市的大崩盘一下子击垮了自由经济。富兰克林·罗斯福总统击败了崇尚自由市场经济但也接纳经济法、社会法思想的胡佛总统,[1] 开始了大规模的"新政计划"。西奥多是富兰克林的叔叔,而他们的血缘关系已经隔了5代了。国家干预经济的法律基础在老罗斯福时代已经被奠定,因此,小罗斯福的"新政计划"属于继往开来。"新政计划"抛弃了传统的自由放任主义,加强政府对经济领域的干预,实行赤字财政,大力发展公共事业来刺激经济。1933年3月9日至6月16日,美国国会应罗斯福总统之请召开特别会议。罗斯福先后提出各种咨文,督促和指导国会的立法工作。国会则以惊人的速度先后通过了1933年的《紧急银行法》《证券法》《联邦紧急救济法》《农业调整法》《国家工业复兴法》《田纳西河流域管理法案》,1934年的《证券交易法案》,1935年的《公共事业控股公司法》《社会保障法案》等。1935年把州际通商委员会(1887年成立,规制铁路运输)的规制扩大到汽车,并于1938年和1940年分别设立了航空运输方面的民间航空委员会(CAB)和海上运输方面的联邦海事委员会(FMB)。同时,在电力和煤气方面,1920年成立了联邦动力委员会(FPC);在广播和电讯电话方面,1934年成立了联邦通讯委员会(FCC);在金融方面也成立了联邦储备局(FRB)和证券交易委员会(SEC)等。

大崩溃的历史背景下构建的法律秩序严重地挑战着放任时代的法律体系,也与最高法院的否决权产生了巨大的冲突,较量仍然不可避免。"由法院发展起来的限制政府权力的理论,阻碍了国家前进的步伐。后果是一系列判决宣布了大多数重要的新政立法无效。在1935年和1936年的判决中,联邦最高法院撤销了两个重要的抵抗萧条的新政法令——国家工业复兴法和农业调整法,认为这两个法律超越了联邦的权力。在1936年的另一个案例中,

---

1. 胡佛总统为了应对大萧条也制定了雄心勃勃的"新政计划",通过了1932年税收法案,该法案被《亚特兰大宪章报》认为是"这个国家有史以来在和平时期提出的……最恶毒的税收议案",在增加支出、推进公共建设、政府救济、通货膨胀、向股市宣战等计划提出后产生了巨大的争议与抵触,以至于美国社会经济形势糟糕到了极点,胡佛总统已经无法再获得选民的信任,需要更加强有力的铁腕政治人物来力挽狂澜。因此,人们很少关注胡佛的"新政计划"。参见(美)罗斯巴德.美国大萧条[M].谢华育,译.上海:世纪出版集团,上海人民出版社,2009:264-288.

联邦最高法院用同样的保守态度对待有关煤炭工业立法。1936年，还有另一个判决，重申规定最低工资的法律是与正当程序条款保护的契约自由对立的。"[1]经济法在美国不断发展起来，时代的需求也日益迫切，但是遭遇的阻力也不断增加，这说明放任主义的原则在美国根深蒂固。人们不愿承认自由思想会随着时代变化而变化，这实际上是一种静止的、孤立的观察问题的方法，是一种唯心主义的世界观。"这些判决对政府权力的狭义解释确实是一场灾难。罗斯福说：'我们已经到了必须采取行动从法院手中拯救宪法的时候。'不考虑制造业、采矿业和农业多么萧条，把它们从联邦权力中分离出来，这使国会在这些问题面前变得无能为力。"[2]

经济法、社会法争取自己地位的斗争势必会很艰难，因为它们超出了资本主义的传统，而且包含着明眼人一眼就能看到的社会主义的耀眼光芒，无论怎么辩解都是这样。1890年经济法的专门立法在美国破土而出，历经艰难险阻，走上了历史舞台，这是历史发展的潮流，是历史辩证法的必然选择。"罗斯福总统对这些司法判决的回答是1937年2月5日提出的'改组法院'计划。不过，如果说罗斯福在改组法院的斗争中失败了，那么他最终在宪法争端中取得了胜利，因为联邦最高法院不久就取消了对政府行使权力的范围加以限制的做法。杰克逊大法官在总结这场斗争时说：'冲突的每一方都以自封的胜利者安慰自己：总统的政敌挫败了改组法院的法案，但总统却取得了法院改革的胜利。'""1937年年初，联邦最高法院对待新政计划的态度发生了显著的变化。从1934年到1936年，联邦最高法院做出了12个判决，宣布新政措施无效；从1937年4月开始，法官们对每一个提交给他们的新政法令都采取支持态度，其中包括一些基本类似于过去被宣布为无效的新政法令。实际上，断言1937年联邦最高法院的法理学观念发生了一次名副其实的变革，那绝不是牵强附会的。这被爱德华·斯·克罗温形容为一次

---

1. （美）施瓦茨.美国法律史[M].王军，洪德，杨静辉，译.北京：法律出版社，2018：217.
2. （美）施瓦茨.美国法律史[M].王军，洪德，杨静辉，译.北京：法律出版社，2018：217.

'有限的宪法革命'。"[1] "整体上说,罗斯福改革中的重大的法律都没有被废弃。某些部分(例如社会保险)已经进入某种法律的殿堂,如今已完全无懈可击……庞大的企业巨兽已经变得十分顺从,新政已经驯服了它们。"[2]

无论经济法在各国体例上如何分类,我们不得不承认,这些与传统法律部门不同的法律在美国逐渐站稳脚跟,而不是可以被民商法、行政法随意地肢解。这种法律有其深刻的思想渊源,绝不是某几个人的异想天开,更不是把一些涉及经济的法律条文胡乱地堆积起来。从历史上的斗争来看,无论是德国还是美国,这种法律的现代法典形式都经历了激烈的争论,经常被怀疑,这说明资本主义不愿意承认从社会主义者那里取到了真经。此外,国家干预经济的法律也绝不是现代才有的,在古代的法律典籍中也经常会看到,只是在古代诸法合体时代不存在专门化立法,在近代资本主义上升时期创制的法典体系中也不存在国家干预的专门化立法,再加上经济法中包含了很多社会主义思想,因此,这一传统肯定要坚决地拒经济法于千里之外,一直到现在也是如此。

九、欧洲的"救世主"与复兴计划法

美国的经济法实践逐步展开,开启了经济法的新时代,在进步运动与大萧条中不断刷新着经济法专门立法的最新纪录,国家干预经济的思想不断成为立法现实。第二次世界大战中,美国加入了战争,支持盟军战胜了法西斯的德、意、日,成为世界的霸主与新的资本主义领袖。面对被法西斯重创的千疮百孔的欧洲和同样被重创的法西斯国家的重建,美国创造了更多的经济法形式。

"美国总统的'战时权力'非同寻常。遵循1916年伍德罗·威尔逊总统

---

1. (美)施瓦茨.美国法律史[M].王军,洪德,杨静辉,译.北京:法律出版社,2018:218.
2. (美)弗里德曼.二十世纪美国法律史[M].周大伟,译.北京:北京大学出版社,2016:231.

的先例，罗斯福总统为了做好战争的准备，召集了一批智囊谋士共同为日后可能实施的战时总动员制定方案。1939年9月，罗斯福总统发布8248号行政令，设置了总统办公室这一现代行政机构，这一机构是新政时期辩论和听证的产物，从利于经济规划的角度重组联邦政府。出于战争的考虑，罗斯福总统现在可以放手扩充行政机构，实施战争所需要的各类决策。1940年5月，他任命了国防咨询委员会……1943年为了加强战事的管理，联邦政府又设立了一个新的行政机构——战时动员办公室。"[1]这些行政机构的设置都是为了更好地实施当时的一些经济法案，集中资源以应付战争。从应对经济危机到应战，美国的私人经济体系更多地受到了国家力量的干预与管控，而这一切也直接受到了社会主义的影响。美国出现大萧条时，苏联正处于"一五"计划，1928—1933年，苏联开始由农业国转变成工业国，初步建立了较为完备的国民经济体系，建成了1500多个现代化技术装备的大型工业企业，经济总量大幅度增长。而同期的资本主义世界却陷入了经济困境，可怕的大萧条吞噬着繁荣时期创造的财富总量。欧美的资本、技术和人才，开始转移到苏联寻找出路。美国也第一次出现了向外移民的倾向，先后有十万美国技术工人和工程师申请移居苏联，罗斯福总统也派出庞大的智囊团向苏联"取经"。我们直接看到的就是新政和战争期间的很多法律形式直接受到苏联的影响，这在以往的资本主义体系中是见不到的，可以称为空前绝后。凯恩斯主义直接影响下的1946年的《就业法》也引起了争议，"联邦政府承担起控制失业的责任太可怕了，甚至对罗斯福来说也是如此。发放联邦援助金是一回事，为了达到某个给定的就业率水平而永久地承担起利用联邦权力进行干预的责任是另外一回事了"[2]。社会主义经济体系和资本主义改良思想都在影响着经济法的演进，而这些都属于经济法形式的新发展。在原有的法

---

1. （美）休斯，凯恩. 美国经济史[M]. 杨宇光，等，译. 上海：格致出版社，上海人民出版社，2013：575-576.
2. （美）休斯，凯恩. 美国经济史[M]. 杨宇光，等，译. 上海：格致出版社，上海人民出版社，2013：596.

律体系中不断挤出自己的空间,这是历史发展的需要,任何潮流不可阻挡,这也是法律史上发生的事实,任何人也无法抹杀。

战后美国的国家力量不仅渗透到了国内法和被占领区的法律,还直接开始创建国际经济法的新形式。"如果美元想要成为一个新的国际金融秩序的法定的储备货币的话,美国就不得不放弃其自由放任的不控制总体经济活动的传统,以便控制其国际收支平衡。"[1] 为了消除战前几大货币体系恶性竞争的后果,1944年44个国家在布雷顿森林召开了联合国货币金融会议,通过了以"怀特计划"为基础的《联合国家货币金融会议最后决议书》以及两个附议,即《国际货币基金协定》和《国家复兴开发银行协定》,确立了以美元为中心的国际货币体系。这些国际条约以国际经济法的形式将西方的美元——黄金、固定汇率制固定下来,以美国的国家金融力量为基础,托起了欧洲复兴和美国领导世界的计划,在历史上产生了深远的影响。即使这个国际经济法形式在1971年就被抛弃,但是国际货币基金组织和世界银行至今仍在影响着市场经济国家,包括中国。

除了世界货币体系由美国主导的国家力量干预建成,欧洲复兴计划更是体现了强大的国家意志,并且也是以国际经济法的形式出现。在1941—1945年间,美国根据《租借法案》,向盟国提供了价值500多亿美元的货物和劳务,以战时经济法为依据,使自己的黄金储备稳居世界第一。战后欧洲经济凋敝,社会动荡,社会主义力量不断增强,1946年,英国首相丘吉尔在美国发表"铁幕"演说,获得美国总统杜鲁门首肯,即利用美国国家力量向非社会主义阵营国家提供援助,以遏制苏联等社会主义阵营国家的影响,维护西方资本主义的安全。1947年9月,英、法、意、奥等16国决定接受"马歇尔计划",建立欧洲经济合作委员会(OEEC),在美国的主导下统一进行欧洲复兴与合作,这是过去私人资本主义主导的欧洲政治、经济竞争

---

[1] (美)休斯,凯恩.美国经济史[M].杨宇光,等,译.上海:格致出版社,上海人民出版社,2013:596.

时代难以想象的。正是在德国、美国国家干预主义的法治进程的影响下，欧洲的国际经济法时代开始了。国家的力量被国际条约和国内法广泛吸收，集中力量办大事的政治经济制度在欧洲以法律的形式体现出来。"它是一个不可思议的成功故事。用了仅仅120亿美元的直接援助，西欧的恢复就迅速实现了。及至1951年，所有OEEC国家的工业生产都已超出它们在两次世界大战之间的最好年份。此后，令人震惊的经济增长就开始了。在只不过一代人的时间里，它将使最高效的西欧国家至少在人均GDP上达到与美国本身不相上下的水平。'马歇尔计划'迄今仍是明智的国际经济合作的极为出色的成功样板之一。受它的直接鼓励，美国及其联合国合作伙伴形成传统，每年给予外国援助。"[1]1948年4月，美国国会通过了《对外援助法案》。1951年，"马歇尔计划"提前结束，代之以《共同安全计划》。为了监督"马歇尔计划"的执行进程，美国与欧洲国家共同成立了经济合作总署和欧洲复兴基金，指导重建计划。通过在西欧内部投资、生产，恢复贸易，美国逐步消除了经济民族主义和孤立主义，建立了开放式的西方经贸体系，催生了欧洲一体化进程，直至欧盟诞生，军事上催生了《北大西洋公约》。

强大的欧美国家集团至今在引领着世界的发展潮流。在欧洲资本主义崛起的历史中，国家的力量从来没有缺位过。大航海时代的王权支持、资本主义的全球市场开拓、对中国发动的鸦片战争，英、法的资本主义兴盛，无一离得开国家的组织或支持。在英国强大到可以染指全世界的时候，英国人发现无国界的自由贸易与竞争是开拓市场的最好的哲学，因此开启了自由放任的国家治理模式，相应的契约自由、私权神圣、私法发达的法律模式也构建起来了。但是，这种模式无法在历史中永恒，美国通过1929年的大萧条认识到：完全自由的、缺乏政府干预的市场也会失灵，甚至会毁掉市场经济。美国的这些经验也被西欧各国不同程度地接受和吸收，甚至形成了独特的"社

---

1. （美）休斯，凯恩. 美国经济史[M]. 杨宇光，等，译. 上海：格致出版社，上海人民出版社，2013：605.

会市场经济"模式。经济法的专门化立法模式在德国和美国出现，反映了这两个资本主义国家在特定历史阶段发展资本主义的特殊法律需求，也是在第一批老牌资本主义难以为继时的法律创新。这种国家干预经济的思想不仅渗透到国内法之中，还广泛地渗透到国际法之中，并深深地影响着现代世界。

十、金融风暴的法律反思

大危机时代影响了美国几十年，伴随着美国引领世界的脚步，大萧条引发的恐慌情绪也逐渐褪去。很多在垄断经济结构时代形成的专门经济法立法也成了自由经济的"紧箍咒"，市场自由主义思想逐渐抬头，像潮水一样不断冲刷着西方世界。随着美国金融业的发展和扩张，1933年的《格拉斯－斯蒂格尔法案》已经成为发展的障碍，而这部法律是一部通过美国国家力量限制金融业过度自由竞争的经济法。商业银行不满足于低利润的银行零售业，开始向投资银行渗透。1999年克林顿政府经国会通过了《金融服务现代化法案》，废除了《格拉斯－斯蒂格尔法案》有关条款，从法律上消除了银行、证券、保险机构在业务范围上的边界，利用法律结束了美国66年之久的国家干预下的金融分业经营的历史。

金融业从此像一匹脱了缰绳的野马，自由狂奔，一路向前，自由竞争的神圣光环又一次照耀在美利坚合众国的大地上。但是，贪婪驱使下的自由必然带来破坏、惊恐和毁灭，2008年，由美国次贷危机引发的全球金融风暴震撼了世界，拥有85年历史的贝尔斯登公司轰然倒塌，拥有158年历史的雷曼兄弟公司走向破产，欧洲、日本等主要发达国家，以及亚太、拉美等新兴经济体相继发生了连锁反应，美国次贷危机逐渐演变成了全球金融危机，冰岛、巴基斯坦等国陷入破产境地，希腊、西班牙、意大利等欧洲国家逐渐陷入可怕的债务危机，全世界几乎都被卷入了这场由贪婪驾驭的自由游戏中。这场危机近在咫尺，让人们切身体会到了放任竞争的无序状态，让人们自觉地回望 1907 年的金融风暴、1929 年的大萧条、1997 年的亚洲金融危机和 2000 年的互联网泡沫破裂。这些强烈要求自由竞争的"点石成金"的疯狂行动严重破坏了人类的经济秩序，使人们忘记了劳动才是财富的源泉。这时非常需要国家的干预，建立健康的实体经济与金融的关系，以遏止贪婪造成的严重冲击。

"只有在国际金融体系中确立一种新的'游戏规则'，才能达到治疗这场金融灾难'根本'的目的，才能让经济全球化趋利避害，健康发展。至此，崩溃了 30 多年的'布雷顿森林体系'又重新出现在人们的视野之中，欧洲央行行长特里谢（2003—2011 年期间任职）目前表示，正是由于'布雷顿森林体系'解体后市场缺乏有效监管，才导致了这场金融危机的爆发。因此，国际社会有必要尽快建立金融领域新的'布雷顿森林体系'，加强国际货币基金组织的功能，使其在调节世界经济发展中发挥更大的作用。这种观点得到了英国、法国等大多数国家的认同。"[1] 这实际上揭示了法律人也常常关注的一个问题：经济法的一个重要基本特征是国家干预的含义中包含着市场监管的内容。自由时代的传统就是市场利用价格机制自发驱动竞争，可是这种传统在 19 世纪末期已经被破坏得面目全非，监管已经成为基本经济和法律制度，如果企图将这种经济法的成分抹掉，那么后果就是混乱或崩溃。这既是当前混合经济时代西方主流经济学的看法，也是各国纷纷在法律体系中创建经济法专门立法的原因。这场金融风暴引发的危机到了 2019 年仍在继续，美国抛出的贸易保护主义成为霸权主义时代单边失控的典型，动荡不安的世界经济竞争需要国际社会的共同努力，国际经济法的重要性必须被全人类重新认识，它是保障当今秩序的重要力量。这也是经济法专门化立法从 19 世纪下半叶出现并不断迅猛发展的体现，从国家干预的国内立法到国际经济法，这是人类法律发展的新阶段，是经济法走过的一段历史道路，也是人类共同进步发展的新起点。

---

1. 孙飞，赵文楷. 金融风暴启示录 [M]. 北京：新世界出版社，2009：272.

第四章　经济法在日本的产生

本章摘要

在西方军事力量的打击下，日本幕府封建时代土崩瓦解，被迫迅速进行西化改革。英、美的自由观念成为首选，继而选择德国的发展模式，日本的法律体系呈现出多样性，但是更多地偏向于大陆法系。经济法在日本的出现与发展与德国极其相似，体现出浓厚的国家干预主义的特点，进而对中国的经济法也产生了更为直接的影响。

一、明治维新的经济制度

日本的古代社会充满了中华文化的印记，幕府藩镇割据时代使封建制度固化，到了近代成了闭关锁国的典型代表。在这样的历史背景下，日本被美国的佩里将军打开了国门，幕府派与尊皇派都惶恐不安，不知道一系列与西方国家不平等条约背后的命运是什么。为了摆脱被殖民的命运，日本在一大批开明人物的带领下，开启了倒幕运动，进行了一场史称明治维新的近代化改革：废藩置县，王政复古，恢复天皇的中央集权专政，颁布明治宪法，构建公民社会。面对西方列强的逼近，日本的改革当权派对发展之路进行了深刻的研究与选择。资本主义的强大驱动力深深地震撼着日本朝野，工业革命和市场给世界带来的变化让日本眼花缭乱。"在整个 20 世纪中，日本人有一个强烈信念,即国家不应只是个中介者或指导者,它应该积极介入经济发展,这种想法可以说完全源于19世纪,……国家积极政策并非源于日本传统经济思想,它是明治领导人反复思考下所做的决定。他们认识到当前世界经济结构是以国家为单位,而日本是一个后进者,需要不惜一切赶上,否则会沦为半殖民地。为达成这个目的,他们拒绝接受英国亚当·斯密(Adam Smith)的自由放任学说,转而倾向于德国的国家领导发展哲学,尤其是弗里德里希·李斯特(Friedrich List)的经济思想,更受当时日本领导人欢迎。"[1]这就为日本选择了一条适合自己的发展道路,而这条道路源自德国模式。1871年12月23日,日本维新政府派出了岩仓使团出使西洋12国,历时1年零10个月,访问了欧美12个国家,重点访问了美国、英国和德国。他们尤其关注普鲁士从小国走向大国的经验,根据德国首相俾斯麦的现身说法,懂得了军商资本主义的秘密。经过慎重研究,日本认识到了德国模式的可行性,于是日本很快建立了天皇中央集权的专制模式,政府的力量成为经济发展的主要推手。

"在考察早期明治政策制定的问题时,一个很有用的方法是检讨岩仓具视的思想发展历程,因为他常常充当了明治政府核心圈的发言人角色。1867年春天,在京都就开放函馆和惩罚长州明争暗斗之时,岩仓具视草拟的备忘录预示明治国家许多特征:通过地方行政长官控制大名的天皇统治形式;刺激经济发展,特别是在农业和外贸领域;旨在教授实用技术和传统道德的教育体系。"[2]日本在明治之初就开始确立天皇统治形式的权威,以使得政府的力量能够集中起来,像德国的统一一样,很快实现法律的统一与高效实施。"改善交通是各派力量出于各种不同的理由督促明治政府要做的事。作为产业和商业增长的推进剂,交通发展得到了那些要日本进入'文明与启蒙'时代的人的支持。""日本最初的电报系统是在伊藤博文的影响下引进的,而伊

---

1. (美)戈登. 现代日本史[M]. 李朝津,译. 北京:中信出版集团股份有限公司,2017:111.
2. (英)比斯利. 明治维新[M]. 张光,译. 南京:江苏人民出版社,2017:376.

藤博文在这件事上得到了一个英国工程师的指导。""（1868 年 4 月柏克斯提出的）这个建议书勾画了一条连接东京和大阪的铁路蓝图，这条铁路将由国家管理，其建造费用由政府资金承担，其中从东京到横滨的一段将首先建成。"[1] 明治政府的开明人物清晰地意识到，只有努力向西方学习，并依靠政府的力量集中实施工业计划和实现军事、商业、教育等目标，才能在将来与西方列强比肩。因此，明治计划中采用了德式的经济政策与法律结构，在订立 1880 年刑法、1898 年法德混合式民法、1890 年美式商法时，推行了一系列国家支持资本主义的经济政策，史称"殖产兴业"。其内容主要是废除各地关卡，培育和发展全国统一市场；建设铁路，发展航运、邮政、电报和电话等近代交通通信事业；建立国有企业体系，大办各种"模范工厂"，采用奖励、保护等多种方式，鼓励优质新产品和发明创新，推行劝农政策，引进西方农业技术和经营制度。

1880 年日本发布"官业下放令"，从 1880 年起，将军工、铸币、通讯、铁道、印刷等部门廉价卖给三井、三菱、川崎、古河等企业，大力扶持和保护私人资本主义在日本的崛起。与德国相似，日本并没有将国有经济作为国家的基本经济方向，但是，我们从中看到了经济法作为专门立法在日本最早的出现，日本的经济法立法无须像德国一样探索深刻的思想渊源，其只需要明白自己应该向德国更多地学习治国理政的经验即可。日本经过考察，系统、全面地引入了德国的国家干预思想，并在经济领域全面实施这一政策，在立法领域同时引入了自由资本主义时代的法律框架与垄断资本主义时代的法律概念，这就是日本迅速崛起的制度原因。这说明，日本从封建社会进入资本主义社会时，直接将国家干预经济的模式作为国策，这也就解释了为什么在德国之后，日本的经济法也迅速发展，经济法学研究在 20 世纪成为显学。

1.（英）比斯利. 明治维新 [M]. 张光，译. 南京：江苏人民出版社，2017：379，380，381.

二、后进资本主义的选择与法律演变

日本古代的法律也源远流长。据说在公元5世纪，本州中部兴起的大和国建立的天皇制国家政权就有了成文法律。646年，由中臣廉足制定成文法典，史称"近江令"。701年，由忍壁亲王和藤元氏编定了《大宝律令》，是仿唐朝《永徽令》制定的第一部日本成文法典，后来修订为《养老律令》。镰仓幕府时代颁布了《贞永式目》，德川幕府时代又颁布了《公事方御定书》，成为日本古代社会的法律范式，一直到明治维新。[1] 由于受西方列强的逼迫，改革派开始了制度的变革，1867年颁布了《王政复古大号令》，1868年宣布了《五条誓文》，同年又颁布了《政体书》，推行三权分立政治制度。1889年颁布了宪法，1890年颁布了刑法、民法、法院组织法、民事诉讼法、商法等，在法、德专家的帮助下，法律体系迅速西化，抛弃了古代日本的法律传统。在仿照德国模式的思路下，国家支持资本主义发展，国家干预经济的专门法律与政策也同时出现，成为日本经济法专门化立法的历史基础。

在以往的经济法研究中就有对这种法律的精彩描述。"从日中、日俄战争到第一次大战，直至包括昭和经济危机（1926—1928）期间的二十世纪二十年代，在这一期间确立和发展起来的充当战前日本垄断资本的形成和统治的媒介的法现象，是契约、股份有限公司法等'私人自治'的法制度。这一时期，在这种'私人自治'的法制度以外，为了弥补后进帝国主义国家集积起来的再生产结构的脆弱性而制定的经济政策立法（例如，经济危机时期的一系列垄断资本救济和扶助立法），具有法的政策化、行政处分化等国家主义的即战前特殊的现代化的性质。不过，这些法律是以公共支出、租税和关税为主要手段，在'私人自治'的形式范围内，保障垄断特权的东西。同时，第一次世界大战时的《军需工业动员法》（1918年），其自身虽是包含着明显国家主义法原理的经济动员法，但直到1937年还只限于执行平时规

---

1. 由嵘. 外国法制史 [M]. 北京：北京大学出版社，1992：166-172.

定的奖励、补助等的公共支出条款……可是，1931年制定的《重要产业统制法》（《关于重要产业统制的法律》），虽然把私人卡特尔契约方面的内容作为前提，但却像未参加卡特尔组织的同业者的规制命令那样，通过公益的名义，变成了强行干预'私人自治'的东西。"[1] 这种法律绝对不是孤立地出现的，而是与明治维新以来仿德国模式有直接的联系。国家干预，也包括政府干预经济的模式得到了长期、全面的贯彻，从国家扶持私人资本主义到干预、限制私人资本主义的过度竞争产生的破坏力，都源于德国的发展思想，都有汉密尔顿、李斯特的影子，而不是从1918年开始凭空跃出一部经济法。在以往的经济法研究中，从明治维新到1918年的法律，发展脉络并不是很清晰，总是以模糊的概述一带而过，殊不知这一段历史前后是紧密相连的，而且在思想上一脉相承，在政策与立法上也是连续的。

在研究中日本学者也注意到了这种学术认识上的滞后性。"从昭和（1925年开始）初期起，日本虽然也进行了关于经济法的学术讨论，但多数只不过是照搬德国的经济法概念，还没有从方法论上明确地认识到上述规制对象的独立性和规制原理的一贯性，从而提出经济法作为独立的法律分科的主张。当时的经济法概念只是介绍上述德国某些经济法的学说，或者强调采取经济统制法的战时经济体制，并没有明确地认识到它的独立性，而把经济法学说加以发展。"[2] 这说明，在当时机械模仿的情况下，这种专门化法律的出现直接体现的是国家干预经济的基本思想，并未更多地考虑其独特的法律属性。日本学者认为这种法律的专门属性属于现代人的概念创造，但是国家干预经济的法律现象在古代就存在，这一点与本书前述的张晋藩先生的观点是一致的。"这些近代的经济法虽然是从19世纪末发展起来的，但国家对市场的介入法，在市民革命前就已经存在了。大约从古代起，在存在自由市场的场合，就产生了垄断的倾向，对此是取缔还是利用它来统制市场，抑或是

---

1. （日）丹宗昭信，厚谷襄儿. 现代经济法入门[M]. 谢次昌，译. 北京：群众出版社，1985：28.
2. （日）丹宗昭信，厚谷襄儿. 现代经济法入门[M]. 谢次昌，译. 北京：群众出版社，1985：4.

放任、允许这种倾向，就成了一个需要探讨的问题。在古罗马帝国时期，就已制定了被认为明显是垄断禁止法的法律，从中世纪末期到近世纪初期，在商业发达的城市中，仍沿用着这种罗马法。到了市民革命的前后，在英国和法国等国家，经同业公会或国王的特许，进一步制定了对垄断的禁止法。不过，我们在这里并不涉及这种市民革命以前的经济法，而只是叙述19世纪末以来美国、西德和日本的经济法的产生和发展。"[1] 用这种学术分析的方法来说明日本出现经济法专门化立法的观点是以历史为基础的，而不是想当然地创造概念。日本在改革时必须将资本主义在自由竞争时代和垄断时代的有效经验都吸收，因此，私法自治的思想、市场自由竞争的思想和国家干预经济的思想同时出现在制定的经济政策和立法之中，这就是后进资本主义、脱亚入欧的日本法律演变的轨迹。1928年，日本学者桥本文雄在其论文《经济法的概念》中，率先将德国的经济法研究成果引进日本。自此至30年代中叶，德国的经济法学说成了日本经济法理论研究的中心内容。[2]

三、战争与法律的社会化

有了对德国、美国经济法原理的深入研究，理解日本经济法的理论背景就容易多了。明治维新时期，设置了大量的特殊企业形态（日本银行、日本兴业银行、日本劝业银行、北海道拓殖银行等），1896年颁布了《造船奖励法》，1897年颁布了《生丝直接出口奖励法》和《远洋渔业奖励法》，1909年颁布了《远洋航路补助法》，[3] 这都属于典型的国家扶持资本主义的干预法律形式。这些法律秉承的基本思想就是李斯特的政治经济学原理，与空想社会主义者设计的法原理一脉相承，只是在不同时期、不同国家，需要国

---

1. （日）丹宗昭信，厚谷襄儿. 现代经济法入门[M]. 谢次昌，译. 北京：群众出版社，1985：12.
2. 何勤华. 法学史研究Ⅰ：当代日本法学——人与作品[M]. 上海：上海社会科学院出版社，1991：338.
3. （日）金泽良雄. 经济法概论[M]. 满达人，译. 兰州：甘肃人民出版社，1985：19-20.

家干预的法的基本形式和内容有所不同，有的是短期的立法，有的是长期稳定的立法，无论如何，将这些法律称为经济法有着坚实的理论基础和历史基础。战争进一步促进了日本经济法形式的繁荣。

第一次世界大战为日本带来了绝佳的发展机会。为了激励国内工业满足参战国的海外市场，日本根据1918年《军需工业动员法》发布了奖励保护规定，此外，日本还于1914年颁布了《战时海上保险法补偿法》和《有关战时工业原料出口取缔事宜》，1915年颁布了《染料医药制品奖励法》，1917年颁布了《对敌交易禁止令》《黄金出口禁止令》《战时船舶管理令》《战时海上重新保险法》和《炼钢行业奖励法》，1918年颁布了《军用汽车补助法》。[1] 这些法律体现了日本仿德的思路，国家支持工业化、军事化，利用国家力量全面推进经济发展，体现了后进资本主义国家的现实需要，充满了灵活性与政策性，与私法自治的资本主义国家结构形成鲜明的对比。这些立法反映了国家干预经济的时效性和政策性，体现了政府当局力量的强大，使法律屈从于改革当局的力量。战后这些法律便失去了存在的价值，体现了经济法的政策性特征。这些特征在重商主义时代的英国立法中就曾出现过，例如《谷物法》，后来被废除。这种政策性特征反映的是此种法律的时代性，而且时效性很明显。

从1937年全面侵华战争开始，"战时经济政策最先开始于确保进口战略物资和民间资金投资于军需产业的间接方法，不久便对物资、物价进行了直接的全面的统制，进而，整编企业体制和经济体制为其战时体制，最后则由国家掌握了军需企业"[2]。在战争的特殊需要下，日本将国家主义法原理运用得非常深刻，在残存着大量封建主义余孽的私人资本主义的基础上，刻画出明确的军商资本主义目标，并且在已有的法律体系之外灵活地创制新型的法律，这在人类的法律史上留下了浓重的一笔。这时的国会与政府保持高度

1.（日）金泽良雄.经济法概论[M].满达人，译.兰州：甘肃人民出版社，1985：85-86.
2.（日）金泽良雄.经济法概论[M].满达人，译.兰州：甘肃人民出版社，1985：94.

一致，大量出现经济政策与法律交替出现的情形。1937年推出了确保进口战略物资，特别是铁屑和石油的经济政策。在贸易资金方面加强了《外汇管理法》的修订，以适应战时需要。1937年颁布了《进出口物品等临时措施法》，限制了出口物资在国内的销售。根据1937年的《临时资金调整法》，限制了对不急需不必要部门的投资。1938年制定了《国家总动员法》，成为战时立法核心。在粮食方面，也由历来作为过剩生产对策的《米谷法》《米谷统制法》转向了1939年的确保粮食配给的《米谷配给统制法》和1942年的《粮食管理法》。1941年修订《国家总动员令》，颁布了《总动员敕令》及《重要产业团体令》《军需公司法》，1943年颁布了《工商组合法》《统制公司令》等，成为国家统制战时日本经济的基本法形式。[1] 这些充满了国家主义意志的法在历史上从来没有像这样大批量地出现过，充满了针对性、现实性、专门性，这是法律史上的一种创举。这些法律很难用行政法或民商法的原理来解释和归类，其存在也是不可抹杀的，它们奉行的是国家干预主义的法律原理，是在资本主义发达的市场机制上出现的，用经济行政法来解释也无法自圆其说。因此，只能去寻找汉密尔顿、李斯特、社会主义思想、俾斯麦、老罗斯福，只有他们才能够全面撑起经济法的理论架构和历史渊源。这样才能够从历史角度系统地解读日本从明治维新以来的法律发展道路（它有着深刻的思想来源、政治基础和法律历史脉络），而不是用虚无主义的思想去抹杀这些法律历史现象。可以说，战争期间日本将这种经济法原理运用到了极致，甚至远远超越了德国和美国。这不得不令我们深刻思考这些充满了组织力、调节力、计划力的法律。

四、危机与对策法

日本应对经济危机的法律措施在明治维新后就出现了，如农业补贴政

---

[1].（日）金泽良雄.当代经济法[M].刘瑞复，译.沈阳：辽宁人民出版社，1985：94-95.

策。第一次世界大战后，农业危机又威胁着日本的国内经济。此时日本更大规模地推出了农业补助金政策，而且"根据供求调节的需要，制定了稳定价格政策。进而实施了事后农村负债整理、特别金融措施等。这些立法过程，说明了农业危机的深刻化，同时也反映了资本主义经济中我国农业的性质"[1]。1932年以后，为了清理农村负债，颁布了一系列法律，如《不动产信贷及损失补偿法》《产业组合中央金库特别信贷及损失补偿法》《金钱债务临时调解法》《农村负债清理组合法》及《农村负债清理资金特别信贷及损失补偿法》等。实际上，在此之前这类法律就已被使用，如1909年的《耕地整顿及土地改良奖励规则》，1918年的《蚕丝行业改良奖励费支付规则》，1919年的《米麦及其他重要粮食品种改良繁殖奖励规则》《畜产奖励规则》《绵羊饲养奖励规则》，1921年的《肥料改良奖励规则》，1925年的《优良农具普及奖励规则》，1928年的《农业仓库奖励规则》，1930年的《肥料配给改进补助规则》，1932年的《农山渔村经济复苏特别促进规则》《农山渔村经济复苏计划促进规则》《农山渔村共同作坊奖励规则》，1935年的《农村工作奖励规则》。

为了保护重、化工业，颁布了《制铁事业法》，1925年又颁布了《关于奖励染料制造的法律》《制铁业奖励法》等。为了应对危机，利用法律促进卡特尔发展，1925年颁布了《出口组合法》和《重要出口物品工业组合法》，1931年颁布了《重要产业统制法》《工业组合法》，1932年颁布了《重要出口物品工业组合法》《商业组合法》，1937年颁布了《贸易组合法》《百货商店法》《百货商店组合法》等，1943年颁布了《工商组合法》。为了应对金融危机，颁布了以间接的强制手段完成金融资本集中的《银行法》。此外，还有1934年的《石油业法》，1936年的《汽车制造事业法》《航路统制法》，1937年的《炼钢事业法》《人造石油制造事业法》，1938年的《工作母机制造事业法》《飞机制造事业法》，1939年的《造船事业法》《轻金

1.（日）金泽良雄.当代经济法[M].刘瑞复，译.沈阳：辽宁人民出版社，1985：62.

属制造事业法》，1940年的《有机合成事业法》，1941年的《重要机器制造事业法》。为进一步获得海外市场，1919年颁布了《出口棉织品取缔规则》，1926年颁布了《出口生丝检查法》，1927年颁布了《出口丝织品取缔法》，1930年颁布了《出口补偿法》，1932年颁布了《资本逃避防止法》，1933年颁布了《外汇管理法》。在应对危机时，还颁行了一系列保护中小企业的经济政策，在1928年的经济审议会上提出了保护中小企业的金融对策和组织化对策。在促进私人垄断的同时，国有事业也在法律的支持下不断壮大。1925年颁布了《国际电力通信股份公司法》，1933年颁布了《日本制铁股份公司法》，1936年颁布了《东北兴业股份公司法》，1937年颁布了《日本通运股份公司法》《帝国燃料兴业股份公司法》，1938年颁布了《日本发送电股份公司法》，1939年颁布了《帝国矿业开发股份公司法》《大日本航空股份公司法》。[1]

这些条文细密的干预市场经济的法律成为日本应对经济危机的法宝，也是日本这个国土面积狭小、资源相对稀少的国家崛起，成为发达国家的秘密，是公开的秘密，它们既反映了国家组织和干预经济的形式，也反映了日本国家推行法治的强大决心与力量。从日本迅速崛起的历史来看，这些专门化的经济法起到了至关重要的作用，这是后进资本主义国家，包括德国、美国和日本的共同选择。日本在经济法领域可以称为登峰造极，别的国家并不一定要模仿日本颁布条文如此细密的专门化经济法，但是这个榜样还是值得借鉴的。历史是不容忽视的，历史虚无主义是要不得的。

五、美占区与和平法律

第二次世界大战后，经济法在日本的发展有了新的方向。在美国占领区，确立了经济的非军事化法律原则，如1945年的《关于限制武器、飞机等生产的事宜》，还确立了和平经济原则，政府保留了有关稳定国民生活

---

1. （日）金泽良雄. 经济法概论[M]. 满达人，译. 兰州：甘肃人民出版社，1985：87—93.

的经济统制措施。1946年颁布了《金融紧急措施令》《日本银行券存入令》《物价统制令》《金融机关经营管理应急措施法》《战时补偿特别措施法》《金融机关重建整顿法》《企业重建整顿法》，对战后经济进行直接的控制。为了复兴经济，确立了一系列物资统制性法律。1946年制定了《临时物资供求调整法》《指定生产资料分配手续规程》，1947年颁布了《临时煤炭矿业管理法》。为了实现美占区的经济民主化，1945年颁布了《公司解散限制等事宜》，1946年颁布了《持股公司清理委员会令》和《有关公司的证券持有限制等事宜》，1947年颁布了《经济力量过度集中排除法》和《禁止私人垄断法》，以解散日本的财阀，恢复市场竞争机制的正常机能。[1]

在金泽良雄的著作中，还论述了和平发展时期的经济法发展。首先是不景气时期的经济法，1951年颁布了《蚕丝价格稳定法》，1952年颁布了《关于稳定特定中小企业临时措施法》《出口交易法》《海上运输法》《企业合理化促进法》，1953年颁布了《中小企业稳定法》，1957年颁布了《中小企业团体组织法》。1953年颁布了《甜菜生产振兴临时措施法》，及时利用国家的力量应对经济的不景气，有效地恢复市场竞争机制，使生产与供应合理匹配。其次是经济成长期的经济法。"在这一时期里相继提出了采纳假定增长率法的昭和三四年（1959年）二月的新长期计划（岸信介内的五年计划）以及昭和三五年（1960年）十二月的国民收入倍增计划（池田内阁的十年计划）。"[2] 复杂的经济事务被反映在具体的法律条文中，这体现了经济法的时代性与社会政治功能，真正反映了经济法的含义。而这种系统管理或干预经济的思想最早就出现在空想社会主义者设计的法典中，出现在马克思主义者的著作中，包括国有化的思想。这说明日本为了求得进步，只要是先进的人类经验，无所不学，而不是去探讨其属于资本主义还是社会主义。我们在探讨日本经济法学者的研究结果时，不应只看到这是属于日本人的独特的法

---

1. （日）金泽良雄. 经济法概论[M]. 满达人，译. 兰州：甘肃人民出版社，1985：96-102.
2. （日）金泽良雄. 经济法概论[M]. 满达人，译. 兰州：甘肃人民出版社，1985：108.

律创造，而是应当看到经济法在日本发展经济中的重要作用，看到国家干预经济的法律的多种形式，这绝不只是政府经济行政行为而已，这是国家的力量在对市场进行全面的把控、矫正，是一种全新的统治模式在法律中的体现。

六、日本经济法研究的发展

法律的形式并不十分复杂，从古代诸法合体的大法典到近代分别门类颁布的法典，从古代对经济事务的肤浅、分散规定到现代全面、深入的管理和监督，颁布专门法律法规干预经济事务，这是法律演化的一个基本趋势。法律需要那些稳固、长久、传承几百年甚至上千年的制度，也需要那些灵活、短暂、为了解决当下最现实的问题而创设的制度。这些法律在以往的法律中都出现过，但是，现代社会以来呈现出集群化、规模化、系统化的面貌，这是古代社会不曾有过的。因此，现代社会创制的概念必须结合当前的社会结构来深刻理解，与古代社会存在的同质法现象还是有很大区别的。对此，日本经济法学界的研究做出了巨大的贡献。前文已述，从1925年起，日本就开始了关于经济法的学术讨论，但多数是照搬德国对经济法概念的研究。"德国在第二次大战战败以前，具有自觉的方法论而主张经济法的独立性的学说，虽然已经存在，但是被称为竞争秩序维持的社会经济的价值标准几乎是不存在的。因此，只构成了以卡特尔助长法为中心的经济法，至于以竞争限制禁止法为中心的经济法，则与日本一样是属于第二次大战以后的事情了。"[1]第二次世界大战后日本经济法的学说，大致可以分为不以垄断禁止法为核心的学说和以垄断禁止法为核心的学说两种。前者的金泽、今村说认为经济法是平均把握各种经济关系的法，宫坂说认为经济法是国家垄断资本主义的法的一环；后者的峰村、正田、富山说认为经济法从属于经济关系规制

---

1. （日）丹宗昭信，厚谷襄儿.现代经济法入门[M].谢次昌，译.北京：群众出版社，1985：4.

法的范围，丹宗、田中说认为经济法是关于市场支配的国家规制法或竞争秩序维护法。

无论是哪一种学说，都只是一种学术观而已，今天并没有被经济法学界完全接受。如前所述，日本经济法学者将门类众多、数量庞大、条文细密的经济法法律法规概述得条理清晰、归类整齐，让我们看到了日本社会挺进现代化的法律渊源。但是，不知是有意回避，还是忽略了来自汉密尔顿、李斯特、俾斯麦、明治维新、社会主义、马克思主义、计划经济的影响，这些学者只是将日本现代化过程中产生的各类干预市场经济的法律法规全面概述、归纳，并没有深入探讨这些法律现象的历史、逻辑和理论渊源，其理论研究只限于日本发展本身或日本发展过程中的某一个阶段，因此对于经济法的性质或概念的解释陷入偏狭的误区，导致后世的人们觉得经济法有可能就是垄断禁止法一门，从理论范围上遮掩了经济法广泛的调整对象和立法的现实存在情况。

这些来自第二次世界大战后日本的经济法学说和著作，曾经让经济法学界欣喜若狂，因为他们从中可以看到经济法的清晰的、全面的概貌，可是，由于缺乏系统、深入的理论的支撑，这些学说和著作对其本质和内容的论述缺乏逻辑性和理论自信。在初读这些著作时，人们觉得每一个国家的经济法就应该是这个样子，从概念的恰当描述到对所调整经济关系的细致分析，都觉得经济法就是这个样子，可是，结合自己国家的社会经济现实，却发现总对不上号，即使是在日本，也只能是一个时期、一个阶段呈现出那个时期、那个阶段的经济法的样子。这些出版于 20 世纪 80 年代中国的日本经济法著作在很长一段时期内让读者感到振奋，可是读完后并没有搞清楚日本的经济法与美国、德国、苏联、中国的区别是什么，同质的东西是什么。因此，这些书也只能待在图书馆的书架上被逐渐遗忘，偶尔会有经济法学者将其翻出引用一些有价值的段落，但很少有人将其理论上存在的不足之处进行深入论证，这也是经济法学理论普遍存在的问题，包括日本和德国。

第五章　经济法在苏联与东欧的产生

本章摘要

20世纪20年代初，苏联在西方法律模式的影响下引入了经济法概念，随后在20世纪50年代末，苏联又产生了新的经济法学派。即便1991年苏联解体，其经济法思想的影响也仍存在于俄罗斯的法律体系中。纵观苏联经济法思想的兴衰变化，不难看出，其思想也在不断地影响着中国与东欧各国。

一、苏联社会主义的法律实验

本书的观点前文已述，经济法作为一个法律部门在古代社会"诸法合体"时代就存在，只是缺少明确的概念、系统的思想与专门化的立法，这些都是资本主义社会在由自由竞争阶段向垄断竞争阶段转变过程中出现的。由于经济法的概念与思想最早出现在空想社会主义者的著作之中，最早被资本主义国家的德国和美国借鉴，因此苏联在十月革命后的立法也并没有抛弃资本主义在19世纪初形成的专门化的立法形式，即将法律部门的概念与专门化立法的形式基本统一起来，而这种形式在沙俄资本主义改革中并没有形成。1922年苏联出台了《俄罗斯苏维埃联邦社会主义共和国民法典》。在本书第一章第一部分中已经提及，同时代的苏联也已出现了经济法的概念，并且还传入了中国，但是这种概念仍然只能是空想社会主义者的理论、马克思主义的理论和汉密尔顿与李斯特等的理论影响下的概念，再加上德国和美国的资本主义变革的法律实践经验，在此基础上形成，可能缺乏苏联自己的理论创造。1922年苏联颁布了《苏俄刑法典》《苏俄土地法典》《苏俄劳动法典》《苏俄法院组织条例》《苏俄检察机关条例》，1923年颁布了《苏俄森林法典》《苏俄刑事诉讼法典》《苏俄民事诉讼法典》，1924年颁布了《苏联宪法》，并根据宪法颁布了《苏联和各加盟共和国刑事立法基本原则》《苏联和各加盟共和国刑事诉讼基本原则》，1926年颁布了《苏俄婚姻、家庭和监护法典》，后来又颁布了《苏俄劳动改造法典》《苏联海商法典》《海关法典》等，将19世纪资本主义国家创制的先进立法经验引入苏联。

而苏联的计划经济却是真正的社会主义实践经验，它的出现对正处于转型变革中的资本主义国家的法律又产生了深远的影响，尤其是对罗斯福"新政"和凯恩斯的影响，凯恩斯甚至还娶了俄国的女子丽蒂亚·罗波可娃。

我们一般认为，苏联的计划经济是苏联在马克思主义理论的指导下通过自己的实践摸索创制出来的。列宁本人就承认，"我们在夺取政权后就知道，不存在将资本主义制度具体改造成社会主义制度的现成方法……我不知道哪位社会主义者处理过这些问题……我们必须根据实验做出判断"。首先是战时共产主义政策，"战时共产主义的一个特征是对土地、银行、对外贸易和重工业实行国有化，另一个特征是强行征用供养士兵和城市居民所必需的剩余产品"。战争结束后，苏联又推行新经济政策，恢复了部分市场经济。[1]斯大林接班后，"决定放弃新经济政策，支持工业和农业都由莫斯科的计划支配的集权经济。这不仅意味着政府将要像在战时共产主义时期一样，继续管理工厂，而且还要通过农业集体化来控制农业"[2]。因此，在德国、美国最先产生专门化的国家干预自由经济为初衷的经济法立法，而苏联在立法上并没有另起炉灶，再创造一套与众不同的社会主义法律体系和概念，而是将19世

1.（美）斯塔夫里阿诺斯.全球通史[M].董书慧，译.北京：北京大学出版社，2010：679.

2.（美）斯塔夫里阿诺斯.全球通史[M].董书慧，译.北京：北京大学出版社，2010：680.

纪资本主义的法律成就引进，那也是人类从古代社会转型进入近现代社会的法律文明成果，直接受到自由哲学思想、工业革命、科学的影响而产生。

苏联的计划经济虽然直接影响了西方（最直接的就是美国），当苏联在1928年开始实施第一个五年计划时，它并未受到美国人的关注。四年以后这种情况发生了变化，美国出版了大量关于苏联的著作，如《俄罗斯的黎明》《俄国今日：我们从中能学到什么》。我们认为，在西方经历大萧条时，苏联的计划经济政策模式给了罗斯福智囊团以灵感，在凯恩斯的指导下，美国创制了罗斯福"新政"时代的国家干预经济的法律模式，它也被经济法学界称为危机应对性质的经济法，这一点从已述的历史中是可以发现的，并且是必须承认的。计划经济与第一次世界大战时德国的经济政策模式有很大的关系，本书将在后文中加以详细、深入的论述，在此先说明的是，苏联的计划经济政策模式直接影响了美国的法律模式的发展，使得苏联对经济法的概念也兴趣大增。苏联不仅在20世纪20年代引入了经济法的概念，并在国内也展开了激烈的学术争议。在第二次世界大战后学术研究更加繁荣，直接影响着苏联的法律体系建设，同时对庞大的社会主义集团也产生了直接的法律影响和学术影响，影响一直持续到苏联解体之后。

二、拉普捷夫的经济法"神话"

如第一章所述，苏联在西方法律模式的影响下于20世纪20年代初期就引入了经济法概念，并兴起了研究经济法的学术思潮。中间几度兴衰，到了20世纪50年代末，苏联又出现了新的经济法学派，最主要的代表就是拉普捷夫、马穆托夫提出的战后经济法主张，又被称为现代经济法学派，它主张经济法是一个调整经济关系的独立的法律部门。拉普捷夫的观点在当时的苏联经济法学界成为主流学术派，一度直接影响了苏联当局的政策模式与法律选择，主要表现就是拉普捷夫主张的纵横统一的经济法学说。该理论认为，经济法的调整对象是社会主义组织及其内部单位之间在领导经济活动和进行经济活动时形成的社会关系。其中，进行经济活动时形成的关系是横向经济关系，领导经济活动时产生的关系是纵向经济关系。该学说认为，经济法所调整的经济关系可以分为三类：（1）在进行经济活动时形成的经济关系；（2）在领导经济活动时产生的经济关系（经济管理关系）；（3）内部经济关系。"拉普捷夫在《苏维埃经济法》（1959）中，论证了经济法是调整国家的社会主义经济中形成的社会关系的独立部门法思想，并以现实生活中这些关系的统一决定了经济法规范的统一为理由，反对人为地把经济法规范分割在民法和行政法中。"[1]

这种分类主要是支持苏联的经济体制，因为在商品经济体制下，法律的模式以自由竞争和国家干预为思想基础，而苏联既不允许自由竞争，也不是国家干预，而是高度集权的管理式计划经济，以公有制作为绝对主导的经济制度基础。纵横统一说合理地解释了苏联经济模式的法律正当性，成为战后苏联经济法学派的主导理论体系，在社会主义国家中影响深远。拉普捷夫出生于1924年，在苏联科学院国家和法研究所工作，1959年起领导了该所经济法和工业管理问题研究室。他发表的学术著作多达120种。"据苏刊报导，拉普捷夫的研究成果对苏联经济法这门新学科的形成、对完善经济立法起了重要作用。"[2] 他在批判地继承苏联早期的经济法的基础上，深刻地研究了发展中的苏联经济法，这其中包括20世纪20年代斯图契卡的"两分法"经济法思想与20世纪30年代金茨布尔格和帕舒卡尼斯的"大经济法说"经济法思想，从而创立了纵横统一经济法说。他甚至指出，颁布经济法典也未尝不可，只是时候未到而已。"进一步发展经济立法、科学地研究经济法的一般概念和制度，必然导致颁布确定经济立法基本原则和制度的统一的立法文件——经济法典，或其他类似法规。但是，在现在的发展阶段颁布统一的经济法典还为时尚早，而经济立法编纂方法应当并且必将是颁布系统的法律

---

1. 何勤华. 20世纪外国经济法的前沿 [M]. 北京：法律出版社，2004：371.
2. 司马. 苏联科学院通讯院士 B.B. 拉普捷夫 [J]. 苏联法学，1979，2.

和规范法令,它们包括经济法的个别文章,且是今后更广泛的法典编纂的准备。"[1] 苏联的计划经济体制并非源自简单的社会主义理论著作,而是学习了德国的战时计划经济体制,因此,法律的形式与概念源于德国也是顺理成章的。从以上分析可以看出,拉普捷夫的经济法思想之所以能掀起一个时代的法律神话,与适应了当时苏联的经济体制有关。经济法专门化立法或法典化是大陆法系国家干预市场或管理市场的法律创新形式,无论在德国、美国、日本还是苏联,其法律原理极其相近,干预或管理经济的复杂程度绝不仅仅是行政管理的法律问题,即所谓的"经济行政",这是一种复杂的国家干涉或管理经济事务的思想、经验及手段,是从立法、行政、司法、国家经济机制、各种机动的统治手段及方法综合入手实施的。

苏联在1991年解体后推行了私有化与市场经济改革,原有的计划经济体制瞬间崩溃。经历了社会动荡与经济低谷,俄罗斯在承继了苏联的国家形态后,在法律上也推陈出新。1991年以来,俄罗斯颁布了宪法、民法典、外国投资法、各联邦主体吸引外资法、产品分割协议法、租赁法、特别经济区法等,同各个国家签署了相互鼓励、保护投资的国际条约。[2] 这些法律虽然不再与计划经济和社会主义有染,但是这些法律的本质并没有实质的变化。过去是国家统制或管理经济的法律手段,现在是国家扶持俄罗斯私人经济或干预市场的法律形式,其中既包括纵向的经济关系,也包括横向的经济关系。纵横只是国家与市场利益主体在人们头脑中的反映,与意识形态关系不大。专门化的经济法出现在资本主义国家,但是社会主义国家在发展中也需要借鉴,尤其是法律形式与构造原理,那是人类共同的社会管理经验,是跨越意识形态的。这种用国家力量支持的市场经济与投资环境使得俄罗斯迅速崛起,成为现代"金砖五国"之一。"俄罗斯于1993年建立了3家机构:俄罗斯国家投资公司、俄罗斯金融公司和俄罗斯国际外商投资非商业风险保

---

1. 拉普捷夫. 论苏维埃经济法 [J]. 苏联国家与法,1959,4.
2. 永庆. 俄罗斯吸引外资的法律体系 [J]. 俄罗斯中亚东欧市场,2003,11.

险公司，向外国投资者和外国贷款人提供保险和国家担保。现在，这些公司的职能转移到俄罗斯经济部。"[1] 俄罗斯经济部在其中绝不仅仅行使经济行政职能而已，它承担的是国家干预市场的综合职能，就像税务局履行的是税收的职能，其中很多体现的是行政职能，但税法绝不仅仅限于税务局收税的行政过程。干预或管理经济事务的法律是一种综合性的统治手段，体现在法律中则与众不同。对于国家与市民社会观念曾经盛极一时的西方来讲，这种法律从社会主义理论者那里学来，就叫经济法。拉普捷夫的思想并没有因为苏联解体而被抛弃，至少可以从俄罗斯现行的专门化经济法中窥见一斑。

三、东欧列国经济法的激荡

第二次世界大战结束后，在苏联的支持与帮助下，东欧各国纷纷独立，并采取了苏联的社会主义政治模式与计划经济的经济体制，完全按照苏联"老大哥"的统治模式来设置自己的法律。

1. 罗马尼亚与匈牙利

罗马尼亚与匈牙利在战后接受了苏联的意识形态与经济政策模式，在"莫洛托夫计划"[2]的影响下启动了社会主义的法律构建。"罗马尼亚就制定了调整国民经济计划关系的计划法；财政金融关系的财政法、税法、投资法、银行法；资源和环境保护关系的土地法、水法、养殖和渔业法、环境保护法；国家与企业关系的国营企业法、利润法、固定资产折旧法、农业合作

---

1. 永庆. 俄罗斯吸引外资的法律体系[J]. 俄罗斯中亚东欧市场，2003，11.
2. 为了稳定政治局势，遏制苏联，美国实施了"马歇尔计划"，而为了抵制和反击"马歇尔计划"，1947年7—8月，苏联先后和捷克斯洛伐克、波兰、匈牙利等一些东欧国家签订了贸易协定，被称为"莫洛托夫计划"。受"马歇尔计划"的影响，美国与西欧国家之间的贸易合作关系得到了进一步的巩固，也大大推动了北大西洋同盟的进程，并使之持续到冷战终结。同时，东欧加入"莫洛托夫计划"，被认为是宣告战后欧洲分裂最重要的征兆之一。见韩冬雨. 莫洛托夫计划对东欧国家经济政策的影响（1945—1955）. 内蒙古师范大学硕士学位论文，2017.

社法；经济流转关系的经济合同法、物资供应法、内贸法、价格法；科学技术关系的发明和革新法；涉外经济关系的外贸法、参与国外合营公司法；工资福利关系的劳动报酬法、社会保险法、农业合作社社员退休金法等重要经济法规。匈牙利则制定了三千多个经济法规，不仅颁布了有关国计民生的计划法、财政法、国营企业外贸法、商业法等重要经济法规，就是对于像适当发展辅助经济这样的问题也制定了诸如农业专业小组条例、经济劳动小组条例、小型合作社条例、工业和服务合作社专业小组条例、小手工业法等经济法规，对辅助经济的鼓励（如自留经济购买塑料薄膜盖温室减价百分之四十）、监督（如个人雇工不得超过六人、开征高额累进所得税）、管理（如主管部门批准、法院登记、违法吊销营业执照）作了明确的规定。这就使得这两个国家行行有法可依，事事有章可循。"[1]这种法律对经济事务的组织、管理事无巨细，体现了社会主义公有制和计划经济的经济基础。这种法律与德国战时计划经济体制下的法律有很多类似之处，只是德国当时是为了组织战争，临时性地覆盖了私人自治的法律制度而代之以国家主义法制度，而罗马尼亚、匈牙利是长久地推行了公有制法原理。

罗马尼亚和匈牙利在构建了经济法体系的基础上，还根据经济生活的实际变化不断地修订法律，以适应新的形势。这既体现了经济法的经济政策法律化特征，又体现了以法治规范经济行为的治国选择。"为了更好地发挥法律对经济的积极促进作用，罗马尼亚、匈牙利总是不断修改自己的经济法规，使之适应已经变化了的情况。这两个国家根据经济体制改革后变化了的情况，对于民法、计划法、财政法、企业法、劳动法等基本法规普遍作了相应的修改。至于政策性很强的经济法规，比如税法、价格法等，则根据形势需要进行了多次修改。这样，在罗马尼亚、匈牙利没有自动失效或跟实际生活抵触的法规。所有现行的经济法规都对经济生活起着应有的调整作用。"[2]

---

1. 王家福. 罗马尼亚、匈牙利经济法制考察[J]. 国外法学，1984，4.
2. 王家福. 罗马尼亚、匈牙利经济法制考察[J]. 国外法学，1984，4.

这种法治的实践虽然是在苏联立法模式的基础上产生的，而且间接受到德国经济法思想的影响，但是，这些活生生的经济法立法实践还是有其独特的国家个性特征的，对当时经济社会所面临的实际问题进行了梳理，有针对性地进行立法，既满足了管理、组织社会经济事务的需要，也推行了法治的统治模式，一举两得。

2. 南斯拉夫

第二次世界大战结束后，南斯拉夫也获得了解放，同时，受"莫洛托夫计划"的影响，它开启了社会主义建设，其中包括经济法的构建。南斯拉夫建国前处于分裂状态，建国后施行联邦集权统治与分权模式相结合的方式，但对法制的建设异常重视，从宪法入手构建了完整的现代法律体系，尤其是经济法体系。"南斯拉夫的社会经济生活是十分复杂的，国内各个地区的经济活动也是千差万别的。要把全国经济纳入充分利用市场的社会自治计划的轨道，没有一套详明的经济法律是不行的。南共联盟在实践中认识到，只有制定出系列的经济法律，规定在经济活动中人们应该做什么，不应该做什么，应该怎样做，不应该怎样做，才有利于调动群众的社会主义积极性，自己管理经济，提高他们的物质文化生活水平。因此，从50年代起，南斯拉夫就格外重视经济立法，不断加强经济领域中的法制建设。除了宪法以外，由联邦议会颁布的主要有：联合劳动法、社会计划法、财政法、银行法、信贷金融法、社会簿记法、税收法、收入分配法、债权法、水运法、空运法、外贸法、外汇法、关税法、海关法、外国人投资法、专利法等六百多项法律。这些经济法，占联邦全部立法的80%以上。在南斯拉夫，各个单位的经济活动，都必须接受法律的调整，都要依据法律规定进行工作。"[1]这个庞大的经济法体系让人看得眼花缭乱，足见南斯拉夫在社会主义经济活动中并非只依靠意识形态与政治带动，而是将法治国家依法治国的经验融入国家治

---

1. 李靖宇，李景峰，林双成. 南斯拉夫法制建设概观[J]. 俄罗斯中亚东欧研究，1988，4.

理中。在庞大的联邦体内，只依靠行政命令与政治指令是难以实现国家治理的，因此，南斯拉夫构建了条文细密的经济法体系，将国家组织和管理社会经济的措施统统列入经济法中。这些专门化的经济法具有很强的针对性，直指当时南斯拉夫最急需管理的经济领域和急需解决的经济问题，而这些是普通的民商法和行政法无法解决的，因为设立经济管理部门不仅仅是一个经济行政的问题，而且还涉及组织、管理、协调、调控、监管，这些都是整体性的经济问题，有时需要动用顶层政治资源与全社会的经济资源，需要引入复杂的经济学思想或政治学思想，考虑的是整个国家的"大盘子"，经济行政只是其中的一个组成部分。

为了追求法治的目标，南斯拉夫在实现法律权威方面下了很大的功夫，这通常是很少见的。"南斯拉夫根据本国的实际情况设置了各司其职的法院，它们主要有宪法法院、行政法院、经济法院、自治法院、普通法院，还设立了检察和监督机构。"[1]从法院的分类设置上可以看出南斯拉夫专业化立法的能力、强力推行法治的手段、国家组织和管理社会经济事务的决心。无论是中央集权还是政治分权，所有权力都应当受法律的制约，国家对经济事务无论是干预、组织还是管理，甚至统制、国有化，都应当以法律为标准，相关的程度、期间、政府职能与职责的设定，都应当有法律的明确规范，如果违反了法律的规定，就可能被诉到法院。这种思想真正体现了经济法的灵魂，不管治理经济使用了多少策略与手段，都要遵从法治原则与法律精神，这一点从南斯拉夫的历史中能够体现出来，其颁布了与计划经济体系相应的法律规定，在组织和管理国民经济方面呈现法律化。

四、《经济法典》的动人旋律

除了进行专门化的经济法立法，更深刻的经济法立法举动就是经济法的

---

1. 李靖宇，李景峰，林双成.南斯拉夫法制建设概观[J].俄罗斯中亚东欧研究，1988，4.

法典化。在苏联，拉普捷夫领导的苏联科学院国家与法研究所经济法研究室根据苏联科学院社会科学部 1969 年 9 月 9 日的决定，曾经会同乌克兰科学院工业经济研究所经济法律问题研究室于 1970 年起草了一个苏联经济法典基本原则草案，印发给全苏联有关部门和人士讨论，意见褒贬不一，但是国家未置可否。1963 年中国人民大学起草过《中华人民共和国经济法草案》，后来又提出经济法大纲，至今还有中国经济法学者认为应该颁布一个经济法通则或纲要。

在社会主义历史上，确实有一个大名鼎鼎的《经济法典》，那就是 1964 年捷克斯洛伐克颁布的《经济法典》。这部法典一共 12 篇 400 条，法典具体的调整对象是国民经济管理和社会主义组织的经济活动中所发生的关系，与调整劳动关系的劳动法和调整民事关系的民法有所不同，分属于不同的法律部门。

第 1 篇总则主要规定国家计划是发展、管理国民经济的主要手段，对社会主义组织和经济管理机关经济活动的监督是经济管理的组成部分；社会主义公有财产由国家组织、合作社组织和其他社会主义组织管理；社会主义组织是经济法主体，以自己名义参与各种经济关系，并承担因此而产生的财产责任。该规定明确了国家在经济生活中的法律地位与角色，将体现国家意志的经济关系用条文清晰地表述出来。这也是经济法学界公认的有别于民商事关系的法律原理。

在确立了国家与经济的基本关系后，依次将这种关系一一细化。第 2 篇为国家组织的经济活动，具体规定国家组织经济活动的范围与内容。第 3 篇为合作社组织的经济活动，这也是社会主义国家的经济法有别于资本主义国家经济法的特殊表现，在国家层面之外还有一种特殊的集体经济组织，用法律明确了它的活动范围。第 4 篇为社会团体的经济活动，这是与前两个经济法主体并列的特殊主体。第 5 篇为企业的注册，这是一般的企业法人主体及其注册程序。

主体介绍完后，就进入了具体的经济活动范围。第 6 至第 10 篇对旨在保证社会主义经济之间进行有组织的协作的各种经济债的关系作了规定。这实际上是债的关系，但在计划经济体制下变得极其特殊，因为存在公有制下的从属关系，使得交易也极为特殊，具有明显的公法性质。第 11 篇规定了结算和信贷关系，规定国家银行是社会主义组织信贷和结算的中心，信贷只能通过银行，或依法有权提供信贷的信贷组织和信贷机关，禁止其他组织彼此私自借贷；当经济管理组织和经济管理机关的活动同整个社会利益相抵触时，有对它们处以罚款的规定。将一般市场体制中结算服务关系变得具有从属与管理关系，有别于一般的服务合同关系。这部法律鲜明地体现了国家在经济中的职能，主导经济关系的不是企业，不是意思自治，而是国家意志，经济活动不是按照简单的市场法则展开，而是按照国家的统一安排与计划。

这部法律经过多次修改，1982 年又重新颁布。这是社会主义国家对计划经济和公有制实现法制化的一次尝试，用法典化的方法对经济法部门进行了一次全面的描述与概括，也反映了当时捷克斯洛伐克组织国民经济的法律现实需求。这种大胆的法律实践使得经济法思想在社会主义国家中迅速传播开来，但同时也引起了很大的争议。捷克斯洛伐克解体后，虽然计划经济向市场经济转变，这部法律却在现代社会法律体系中开了先河。

无论是经济法的学术思想，还是经济法的立法实践，还是这部专门化的经济法典，在社会主义国家中都引起了很大的争议。关于经济法的这场讨论，在捷克引起了反应。斯滕纳、哈恩斯和伯蒂尔曼赞成这种经济法概念。一些波兰学者如伊瑟藏、斯蒂尔马夫斯基、托平斯基和瓦西尔科夫斯基也赞成把经济法划分出来作为一门法律和一种立法，并支持把所有调整经济组织活动的行政法规和民事法规列为单行的经济法的建议。德意志民主共和国对此有不同意见。大多数学者赞成经济法成为单行法，但对于经济法应调整哪些经济关系，各学者间并未取得一致意见。匈牙利、罗马尼亚和保加利亚并不支持这些观点。还有许多波兰法学家，如维兹涅夫斯基、布奇科夫斯基、恰胡尔斯基以及几名行政法专家也不赞成建立经济法。这些充满火药味的争议一直存在，但是这部经济法典却在捷克斯洛伐克国家的法律体系中生效了，并且实施了很多年，并没有听说这部法典给这个国家带来了什么不光彩的管理后果，它为经济法专门化立法做出了杰出的贡献。这不是什么神话，也不是笑话，而是社会主义国家实实在在的立法，是1755年摩莱里的《自然法典》以来第一部将经济法专门化为大法典的实践举动，是经济法历史上一件了不起的大事。经济法作为法律部门的现象自古以来就存在，是无法否认的，只是提出经济法概念是近代社会的事，至于是统一一部法典还是使用单行法律来体现法律部门的特征，经济法体系结构如何，这就是经济法学的任务，它之所以能成为社会科学，原因也在此。这部法典的出现绝不是偶然现象，也不会是昙花一现，揭开经济法神秘面纱的一个基础很可能就是这部法典。将经济法部门用法典的方式统一体现出来，这是头一次，它让人们第一次清晰地看到了经济法的面目和概念，感性、直观化，就像民法典将民法的部门面貌概括得很清晰一样。

第六章　经济法在中国的产生

本章摘要

虽然学界大多认为中国经济法的起源自 1979 年始，但是笔者认为，早在民国时期中国的经济法学就已经产生，20 世纪 30—40 年代，国家就已经出台了大量带有经济法性质的立法。即便是新中国的专门化的经济法和经济法学，也是在新中国成立之后的政治经济变革中逐渐产生的。

一、经济法的中国探源

经济法的概念在中国是十分响亮的。中国的立法机构将经济法列为国家法律体系中的基本分类和法律部门，有很多基本法在颁布时明确被列为经济法，而且从改革开放政策实施以来，党和政府就提出了这个概念。经济法在教育和研究系统中的地位更是令人赞叹。大学中有教育部专设的经济法学核心课程、博采众长的各类经济法学教材，从本科到博士都设有经济法学专业学位，全国有上万人的经济法学专业教师队伍，研究队伍与此相交叉，教学队伍中有一大批是兼职经济法学研究人员，每年发表或出版许多专门化的经济法学研究著作，经济法智慧遍地开花。国家拥有庞大的中国经济法学专业研究会，每年都有多层次的、数量可观的专业研究活动，有大量的人员、财力、物力投入经济法学的研究与学习中。经济法在中国可谓家喻户晓，声名显赫。但对中国经济法学的起源，学术界却有着不同的认识。绝大多数著作与教材认为中国经济法学出现于1979年改革开放之后。但是本书的观点与此不同。本书认为，中国专门化立法的经济法在民国时期就已经出现，中国的经济法学在民国时期也已经产生，即使是新中国的专门化的经济法和经济法学，也不是在改革开放之后才出现的，而在新中国成立之后的政治经济变革中逐渐产生的。

按照张晋藩教授的观点，法律部门的客观分类在中国古代的法律法规中就存在。经济法的统编教材中也认为，中国古代就存在经济法。这说明，除了没有专门化、系统化的经济法立法，实质性的经济法部门在古代是存在的，以分散的经济法条文或规范的方式存在于当时的法典或其他律令中，只是当时没有法律部门和经济法这些清晰的书面概念。本书作者在写作《浅议我国现代经济法学研究之源起》一文时详细查阅了资料，发现了民国时期经济法的法律样态。"虽然民国时期的中国还是以小农经济为主，传统家族、宗族势力强大，但外国经济、政治势力大量渗入，官僚资本急速膨胀，民族资本和企业迅猛发展，现代化大生产的行业竞争已然出现，政府有了确立管理性、协调性的立法的客观基础。例如，1932年就出版了《广西统计人员训练所统计法规讲义》，1933年由主计处统计局编印了《关于统计各种法规摘要》；1933年由南京实业部编写了《中央及各省市度量衡法规汇编》，1938年出版了《浙江省战时物产调整处应用法规》，1942年湖北省政府编印了《湖北省平价物品供应处法令汇编》和《湖北省物物交换与凭证分配法令汇编》，1943年出版了《管制物价法令汇编》，1944年南京物资统制审议委员会总务处编印了《物资统制法规》，这与当年德、日战时统制经济法令极其相近，法理相同。在工业管理方面，在1929年国民政府公布了《工厂法》，1930年中华书局出版了《工业法规要义》，1931年上海商务印书馆出版了《工厂管理法》，1938年经济部编印了《工业奖励法》《特种工业保息及补助条例》《奖励工业技术暂行条例》《小工业及手工艺奖励规则》《发给国贷证明书规则暨各附属规程合刊》，与德、日此前激励工业的法规大致相仿。"[1] 这些法律法规是专门为管理、干预经济而颁布的，是专门化的立法，在民国以前的中国是没有看到的。

相应地，该论文指出，"中国现代经济法学研究绝不是十一届三中全会后开始的，而是始于解放前的民国时期"。文章列举了当时的一些研究经济法的著作，并引证了几位研究经济法历史的专家的著作，以支持该观点。[2] 第一章已述，中国在 20 世纪 20 年代就关注过苏联的经济法思想，1927 年《国闻周报》第 4 卷第 43 期载有《苏俄的经济法》（海石译），《中外经济周刊》第 229 号载有《苏俄之经济法法规》，1934 年由汪瀚章主编、大东书局出版的《法律大辞典》中就有"经济法"词条。在中国法学会编辑的《中国法学图书目录》中，有一篇论文题为《经济法概说》（杜锡铎著，北京大学法学院 1943 年（1944 年）的毕业论文）[3]，这是当年一批法学家们在搜寻经济法学的源起时找到的线索。本书作者看到线索后，曾经到北京大学图书馆查找过，但是没有找到，资料管理员介绍，很可能"文革"期间丢失了。但是这条记录的真实性确凿无疑。[4]

---

1. 荣国权. 浅议我国现代经济法学研究之源起 [J], 特区经济 . 2012：9. 除此之外，民国时期在交通运输管理（又分为铁路、公路、水路、联合运输和综合管理等方面）、邮政电讯管理、基本建设、建筑管理、农业管理、粮食管理方面以及合作社管理方面都有立法。另外也有应对危机的经济法律法规："抗战结束以后，国民政府不顾民族和人民的严重创伤，从自身利益出发，利用接收日本在华资产之机再次大肆扩张国家资本和官僚资本，接着又发动全面内战，引起严重的社会动荡和通货膨胀。由此，国民政府既给自身造成了政治和财政危机，也使社会经济的衰败和民众生活的困苦达于极点，日益失去民心，资本主义现代化走入了穷途末路。""这一时期，民国政府颁布的各种经济法律和法规，明显地带有应对政治和经济危机的特征。如 1946 年颁布的《财政部奉发国民参政会建议严厉清除官僚资本案的训令》《行政院奉发当前财政经济措施之改进方案并实施办法训令》，1947 年颁布的《国民政府经济紧急措施方案》，1948 年颁布的《国民政府关于整理财政及加强管制经济办法》。"（张廉. 民国时代经济法律发展问题研究. 南京师范大学博士论文，2005.）
2. 荣国权. 浅议我国现代经济法学研究之源起 [J], 特区经济 . 2012：9.
3. 中国法学会. 中国法学图书目录 [M]. 北京：群众出版社，1986：531.
4. 虽然至今尚未查询到论文的文本，但从当时经济法学理论的发展来看，很可能就是利用德、日经济法学理论的研究思路研究当时中国的经济法。

20世纪30年代，有很多法学留学生从美、德、英、法、日归来。2003年1月9日《南方周末》曾经发表了一篇文章《被遗忘30年的法律精英》，列举了一大批优秀的中国法学精英：盛振为，美国西北大学法学博士，东吴大学前校长兼法学院院长；周枏，比利时鲁汶大学1934年法学博士；卢峻，美国哈佛大学1933年法学博士；王名扬，法国巴黎大学1933年法学博士；蔡晋，东吴大学1933年法学士；许之森，东吴大学1934年法学士……这一大批人在新中国成立后逐渐脱离了法律行业，到其他与法律无关的行业，大量的西方法学知识与资料付诸东流，使得那个年代的法学研究成果很难流传下来。这就需要我们经济法学人深刻研究这些法律前辈，挖掘出更多的关于那个年代的经济法与经济法学的故事。

二、新中国的建设与经济法

在中国的法律教学中，提到中国的法治建设时总是习惯性地从十一届三中全会后开始，似乎之前的时代与法制完全无关，顶多提到1954年宪法而已。通过学习历史我们知道，1949年中国共产党领导的革命取得胜利，随后就开始新中国建设。战争年代卓越的领导能力使得全世界刮目相看，强大的组织能力、深刻的思想动员能力、充满朴素精神的生活能力和充满智慧的经济保障能力都是赢得这场战争不可或缺的，这些优秀的品质与能力在新中国的建设方面也起到了很好的作用。

新中国成立后，百废待兴。中国共产党虚心、认真地向苏联"老大哥"学习，在逐渐巩固了胜利成果后，马上开始实施"一五"计划，径直走向计划经济。"一五"计划凸显了中国共产党对经济的强大组织力与影响力。以苏联支持的工业项目为出发点和基础，中国政府集中全力调动全国的人力、物力、财力支持重工业的破土动工。"一五"计划相当于一部政府组织重工业经济建设的经济法，它源于苏式的计划经济体制，但源头却离不开德式的战时计划经济政策与公有制的理论设计。如果我们详细研究"一五"计划法案给中国带来的社会进步，我们就会深深地意识到，这原来也是一种法治的力量。这个法案可能缺乏分权制衡的风格，缺乏限制政府权力的条款，也缺少法律责任的篇章，但是在一穷二白的基础上，只有政府的力量可以迅速集结巨量的资源与人力去实现重工业优先发展的战略。"一五"计划完成后，中国过去没有的一些工业门类，包括飞机、汽车、发电设备、重型机器、新式机床、精密仪表、电解铝、无缝钢管、合金钢、塑料、无线电等，从无到有地建设起来，从而改变了我国工业门类残缺不全的状况，增强了基础工业实力。1957年工农业总产值达到1241亿元，比1952年增长67.8%。1957年的国民收入比1952年增长53%。1957年工业总产值超过原计划21%，比1952年增长128.5%。农业生产获得较大的发展。1957年农业总产值完成原计划的101%，比1952年增长25%，农业、手工业、工商业都直接受到了工业化的影响，也都完成了社会主义改造，成为计划经济的基础力量。

但是从"二五"计划开始，法案的形式欠缺了。1956年，中国共产党第八次全国代表大会通过了"二五"计划。围绕着"大跃进"和人民公社的建设，此后的经济建设逐步远离了法治轨道和经济规律。"文革"期间，整个社会的公权力秩序遭到破坏，社会经济陷入混乱。

三、改革开放的政治变革与法律结构

1978年中国共产党十一届三中全会召开，会议决定将全党的工作重点转移到社会主义现代化建设，对过分集中的经济管理体制进行改革。

在推进商品经济体制构建的过程中，中国将市场经济国家的法律经验源源不断地引入国内，用法律的形式逐渐创制着国家的秩序，以宪法为中心的现代法律体系逐渐在中国被确立下来，其中就包括在世界范围内饱受争议的经济法。1979年7月8日《中外合资经营企业法》正式生效，将中外合作的基本经济制度与企业形式用法律的形式固定下来，这在当时的中国可是一件了不起的大事，是经济法在中国的一次重大成功。这部法律之后，1986年颁布了《外资企业法》，1988年颁布了《中外合作企业经营法》，继续扩大引入外商的规模，丰富引进外商的经济法形式。这些法律无法用传统的民商法或行政法所界定，其中包含着传统商法和行政法的一些内容，却属于典型的经济法范畴。2019年3月15日，十三届全国人大二次会议通过了《中华人民共和国外商投资法》，该法自2020年1月1日起实施，成为取代以上三部中国改革开放的基本经济法的新经济法形式，表达了顺应时代潮流的新的经济法思维，也即由国家组织、构建引进外资的法律内容变更为依靠市场与国家干预的法律内容，用法律的形式体现出更多的市场自由竞争，同时着重构建新时代的国家监管力量与重要制度。

中国颁布了外商投资经营的企业法，国有国营、城市、农村集体组织或财产的企业组织经营法，这些都是传统大陆法系商法概念无法界定的；出台了市场竞争领域的基本法，诸多行业、领域的经营管理与监管法，包括金融的、资源的、能源的基本法，财政与税收领域的基本法。现在的立法更是深入互联网与通信行业。国家的经济计划与政府对经济的宏观调控也更多地开始采用法律的形式，这些数量庞大的罩在经济体上的法律在中国市场经济的运行过程中起着日益重要的作用。这些法律有的源自发达国家的经验，有的是中国自己创制的，无论是充满共性的还是中国个性化的经济法，都已经成为中国有特色的社会主义市场经济法律体系的一部分。社会主义与公有制的基本经济制度被巧妙地保留下来，重新按照市场的要求进行组织。大量来自西方发达国家的先进经济制度被引进，大陆法系、英美法系的东西都学，只要先进、于我有用，就认真学习。社会主义与市场经济不再是意识形态上冲突的矛盾体，而是被融洽地设计在中国的发展方案中。经济法被广泛地创制并实施于改革开放事业中，并且起着越来越重要的作用。

四、经济法理论研究的盛行

虽然中国的经济法专门立法与经济法学在20世纪20—30年代就出现了，但是真正受到重视还是在十一届三中全会之后。由于中国共产党的工作重心转移到经济建设上来，因此对经济建设有利的各种对策和知识自然受到关注。法律和法学均受到重视，一门学科——经济法学就出现在大学课堂和研究机构。在众多的法律学科中，经济法学直接研究商品与市场之间的经济关系，直接针对政府最关注的经济建设。

20世纪70年代末之后，对经济法学的研究在中国日益繁荣。20世纪80年代，有很多大学设立的法学专业被称为经济法专业，又逐渐发展了硕士与博士专业，经济法作为法律部门被官方正式确立下来，经济法学作为法学专业主干核心课程得到教育部的确认。在中国，有一大批专门从事经济法学教学与研究的学者和老师，四十多年来，这门学科不断成长、丰富，研究的深度与广度已经在世界上独树一帜。大量的研究经济法的著作、论文不断问世，经济法学术团体不断涌现。经济法学内部学派众多，并不断地将国外的经济法知识输送到中国，以供人们学习和借鉴。中国的经济法研究热潮已经远远超过了当年的德国、日本和苏联、东欧社会主义国家，对国家的法制建设起着举足轻重的作用。在涉及经济领域的法律研究与学习中，传统的部门法分类得到尊重，宪法、刑法、诉讼法、民商法、行政法、国际法都找到了其恰当的历史传承与逻辑地位，只有经济法和社会法备受质疑，尤其是经济法，围绕着它该调整什么样的范围在法律界存在着激烈的、长期的争论，这也表明，对经济法学基础理论的研究在中国较为薄弱。涉及特殊企业类、国有资产类、财税类、竞争类、金融类、行业经营与监管等的具体应用法学研究非常发达，也取得了令人赞叹的进步与成果，但遗憾的是，经济法基础的法哲学不能尽如人意，学界内部存在着争论，争论焦点就是经济法的有无问题，经济法与民商法、行政法的关系问题，经济法的内容问题，这些关系到经济法学"生死存亡"的问题着实令人头疼,没有哪一个法律学科像经济法这样备受争议。本书的探索旨在解决经济法的有无问题,论证的就是存在的理由。中国的经济法部门自古有之,专门化经济法立法当前大量存在,中国的经济法与国外很多国家的经济法有着密切的历史联系,与国外的很多经济法存在共性。同时,由于中国发展的独特道路,中国的经济法也具有很强的个性化特征,这也是经济法学术界已经意识到并且应该再深入研究的领域。基础理论研究的薄弱并不代表没有研究,这需要经济法学界的不懈努力,这是一项国家和历史工程,是一项扎实的社会科学基础工程,需要热情的学术研究态度,需要理论与实际的紧密结合,需要严谨的求证与考证方法,需要文、史、哲、法学、经济学等广泛基础知识的支撑。

五、"西学东渐"与社会主义法律体系

中华文明上下五千年,泱泱大国,举世瞩目。但是近代以来,随着西方工业文明的崛起,古老的中华文明受到了来自资本主义列强的摧残。西方的科技、教育与社会知识纷纷涌进中国,"西学"开始取代"中学"。梁启超先生在讨论中国法的沿革得失时曾经指出:"我国今日现行两大法典,其《大清会典》,无所谓总则,不必论矣。《大清律例》,沿晋唐之旧,首置名例律一门,颇有合于总则之义。虽然《大清律例》之名例律,有非贯通于全律之大原则,而亦入其中者;有贯通于全律之大原则,而不入其中者。谓名例律足以包举诸律焉不得也;谓诸律悉无触背名例律焉不得也。故名例律者,有总则之名,而未能全举其实也。夫《大清律例》为发达最古,稍称完备之书,而犹若是,其他更无论矣。"[1] 这是梁启超先生用西学的目光审视古代中国的法律,批评古代法的纲目无序。这说明,在古代农业社会结构中已经很完备的法典,与工商业文明结构下的法典不可同日而语,西学的犀利与强大

---

1. 梁启超. 论中国成文法编制之沿革得失 [M]. 饮冰室文集(十六), 上海: 中华书局, 1988: 59.

已经到了清朝法律无法比拟的地步，变律为法绝不是名词的简单变更，文明系统已经截然不同。西学的强大威力已经势不可挡。

康有为提出："外来人者，自治其民，不与我平等之权利，实为非常之国耻。彼以我刑律太重而法规不同故也。今宜采罗马及英、美、德、法、日本之律，重行施定，不能骤行内地，亦当先行于通商各口。其民法、民律、商法、市则、舶则、讼律、军律、国际公法，西人皆极详明，既不能闭关绝世，则通商交际势不能不概予通行。然既无律法，吏民无所率从，必至更滋百弊/且各种新法，皆我所夙无，而事势所宜，可补我所未备。故宜有专司，采定各律，以定率从。"[1] 维新派已经清晰地观察到来自西方列强的法律体系的强大力量，看到了西方法律的智慧力量，意识到中华变法有所师从，那就是各个部门颁布专门化的立法，将复杂的社会关系按照性质门类重新归纳，以适应工业革命以来各列强国家复杂之变局。

晚清开始修律，任命沈家本与伍廷芳为修律大臣，建律例馆（后改为法律馆），设四品官衔，以示重视。"但是这个时代，因中国缺少现代法律词汇，翻译者又大多为外国人，所以中译外国法律法学著作，一般中国人都无法读懂，不明所以。19世纪八九十年代，黄遵宪著《日本国志》，其中的《刑法志》系翻译注解自明治维新时期，移植欧美法而颁布的《刑法》和《治罪法》，由于日本与中国同洲同文，故《刑法志》所录的日本最早颁布的这两部法律，成了法律改革前影响最大的外国法。"[2] 在今天的史书和博物馆中，我们还经常能见到文言文表达的中华古代法律。法律馆翻译的法律以日、德的法律为主，如《日本商法》《日本民法》《日本票据法》《日本现行民事诉讼法》《德国海商法》《德国国籍法》《德国强制执行及强制竞卖法》《德国高等文官实验法》等，还有其他国家的，这些法律体现了欧陆法系的

---

1. 康有为.应诏统筹全局折[M]//姜义华，张荣华.康有为全集（四），北京：中国人民大学出版社，2007：19.
2. 李贵连.沈家本传[M].桂林：广西师范大学出版社，2017：259-260.

直接影响。

"晚清法律改革，新法受日本影响最大，从法律新名词到法典的编纂几乎照搬日本法，这是一个不争的事实。沈家本为什么会把日本作为取法的对象呢？这里面既有社会的，也有地域的，甚至还有财力上的种种原因。"[1] 受聘帮助立法的专家均来自日本，如冈田朝太郎、松冈义正、志田钾太郎、小河滋次郎，而日本法源自明治维新时对西洋法的移植，尤其是大陆法系德国的法律。经过明治维新的法治构建，日本已经将大陆法系乃至英、美法系中有益的智慧尽数学到，并且有超越之举，且与中国文化背景相似，因此近代中国的法源自日本及欧陆，自此奠定了中国法律文化的基础。民国后在此基础上蓬勃发展，大陆法系为主的传统在中国生根发芽，影响至今。

---

1. 李贵连. 沈家本传 [M]. 桂林：广西师范大学出版社，2017：329.

中 篇

经济法的逻辑

自由竞争曾经给资本主义带来了繁华,但是,随着自由竞争的不断异化,其也逐步沦为垄断阶级控制社会的工具。在自由竞争不断发展变化的同时,政府也并非无所作为,而是不断地通过种种手段限制过度的自由竞争,随后国家干预主义出现,并且不断为各国吸收借鉴,现代经济法也在这一过程中产生并发展。

第七章 "契约的死亡"与竞争法（民法的变迁）

本章摘要

从文艺复兴时期到自由资本主义时期，再到垄断资本主义时代，契约自由思想一直贯穿始终，并被严格地实施着。但是，自由竞争造成的垄断市场让那些"庞然大物"般的企业开始肆无忌惮地打击竞争对手，产生了压制竞争的结果，由此也产生了尖锐的社会矛盾，最终促成了现代竞争法的产生。

一、自由主义与资本主义法律的发达

经济法常被描述为国家干预经济而产生的法律，但国家为什么要干预经济？在古代，很多国家都出现过国家干预经济的情况。例如，国家利用税收政策对经济进行扶持与激励，以恢复被战争破坏的社会经济秩序。这就需要将眼光落到资本主义的历史上，从资本主义时代的自由主义概念出发。自由主义在西方是一种政治观念，流传已久，在政治、经济、法律和社会诸多领域影响着西方乃至全世界，其理论起源主要是17、18世纪的欧洲启蒙运动。

约翰·洛克（1632—1704）是理论上较早提出自由主义概念的学者。洛克第一次系统地提出"天赋人权"学说，反对君权神授，提出人所拥有的"自然权利"包括生存的权利、享有自由的权利以及财产权，第一次从政治乃至法理的角度解释自由的概念，将自由的概念限定在法律的框架内，代表作为《政府论》。后来孟德斯鸠（1689—1755）继承了洛克的自由主义观念和分权政治的理论，这直接影响了美国的自由主义观念和政治结构设计，洛克的自由主义被美国奉为神圣，成为民族理想。他的思想深深地影响了托马斯·杰弗逊等美国政治家，并且在美洲引发了一场来势汹汹的革命浪潮。

伏尔泰（1694—1778）是第一个将洛克等人的思想传到法国的人，法国后来的启蒙运动乃至法国大革命都与洛克的思想不无关系。卢梭（1712—1778）在继承天赋人权自由主义理论的基础上，主张建立以社会契约为基础的民主共和国，提出"人民主权"这一富有彻底反封建的革命精神的民主思想，要求实施体现人民主权、体现公意的法律，强调用法治代替君主专制政治。这是资产阶级自由主义概念的进一步发展，将政府与人民的关系用契约来表达。

托马斯·潘恩（1737—1809），美利坚合众国国家名称（The United States of America）的创制者，也被广泛视为美国开国元勋之一。由于受到法国大革命的影响，潘恩撰写了《人的权利》，它成为启蒙运动的指导作品之一。潘恩在西方政治思想史上最早将市民社会与政治国家区分开来，他认为前者是由人们的欲望产生的，目的在于维护幸福，而后者是由人们的邪恶产生的，是为了制止人们的罪行。从中我们可以隐约看到市民法与国家法分类的文献源头。他指出，政府的作用最多在于解决社会与文明所不便解决的少量事务，正式的政府不过是人类文明中的一小部分。这种重视市民社会自治功能的思想间接地影响并反映了美国的国家政治理念，从中我们可以看到市民自治、市场自由竞争、政府不干预或少干预的理论出处。

这种对自由主义的解释常被称为"天赋权利论"或"自然秩序论"，其主要论点是"一个人无法孤立地实现自己的自然权利，他只有同他人签订协议，并为此目的建立政府来保护他在社会里的权利。他在订立契约时为服从共同规则不得不放弃一些权利，而得到的是公民的权利。人民是主权者，政府是人民的代表。政府只能按照社会条件的许可保护人的天赋权利，其他什么都不能做"[1]。这种自由主义理论并不是漫无边际地畅谈自由，而是认为人民和政府各有其权利和权力边界，需要以契约原则来确定，而此种契约最终要以法律的形式明确表达出来，这就是法治含义下的自由主义理论。

杰里米·边沁（1748—1832）也是自由主义的权威诠释者。他提出的观点如个人以及经济的自由、自由贸易等成为西欧现代化的先驱，尤其是他的伦理观和法律观，为自由民主制度奠定了社会基础。在他最著名的著作《道德与立法原理导论》中，他以功利原则的价值判断为基石，认为快乐就是好的，痛苦就是坏的，因为人的行为都趋利避害，所以任何正确的行动和政治方针都必须做到谋求最多数人的最大幸福，并且将痛苦缩减到最少，甚至在必要情况下可以牺牲少部分人的利益。这就是著名的"最大的幸福原则"，也即功利主义哲学的标志。功利主义在约翰·穆勒的手上得到了修正和扩展。经过穆勒的继承和发展，"边沁主义"成为自由主义者的国家政策的最主要的元素。功利主义从18世纪末产生至今，对西方经济学的影响十分重大。提出之初，就对斯密的自由经济学提出挑战，因为斯密的自由经济学略显孤单。加上功利主义的支持，自由竞争才会有原动力。边沁与斯密也是好友，真正达到了互相支持，互助有无。"经济上的高速发展和政治上的急剧变革迫切需要有自己的思想家从理论上论证资本主义制度的优越性，斯密的经济自由学说和边沁的功利主义正是顺应这种需要产生的。令人惊讶的是，两位时代的伟人，竟能如此相辅相成，以不同的方式共奏出一曲当时资本主义经济、道德的主旋律"[2]，他们的理论后来影响到边际理论、厂商和消费理论、政府干预主义、货币政策的发展及福利经济学的产生。在自由经济学部分将会详细论述斯密等自由经济学的发展脉络。

---

1. （英）霍布豪斯. 自由主义[M]. 朱曾汶，译. 北京：商务印书馆，1996：4.
2. 李武武. 论斯密的经济自由主义和边沁的功利主义[J]. 徐州：徐州师范大学学报（哲学社会科学版），2002：9.

以上对自由主义的考察就是想挖掘出自由主义哲学、政治和革命影响下的法律的诞生背景。我们从民法中概括出的契约自由原则、所有权绝对原则等都是在这样的自由哲学影响下出现的。欧洲的启蒙思想以人本主义的哲学观强调人的价值与尊严，用自由将人从神和封建桎梏的挤压中解放出来，用理性的思维视角重新审视人类社会的组织结构，这就是《法国民法典》《法国商法典》等充满现代观念的法律诞生的背景，资本主义一系列法律的发展也正是源于此。正是对自由主义原则的深度贯彻，使得各资本主义民族国家形成之时，其法律与政治制度中的边边角角都塞满了自由主义，这也正是契约自由时代的真实写照。正是由于自由主义思想的强大渗透力，传承了上千年的中世纪神学主义和封建主义原则土崩瓦解，法律的伦理基础由身份跨到契约，充满了压制主义、等级制度的法律框架分崩离析，自由主义的彩霞洒满了近现代法典的每一页。这样一种强大的思想力量培植起来的法律土壤，突然间要被干预主义的新思想冲破谈何容易。这就是经济法所面对的厚重的自由主义思想基础，从身份到契约，从市场到政府，从企业到行业，从法典到法庭，都被自由主义的思想重重包裹，要想在自由主义的法林中立足实属不易，需要一次又一次的思想革命与战斗。

二、"契约的死亡"与自由的限制

资本主义经济法的出现与自由主义是分不开的。在资本主义争取经济利益和政治地位的过程中，天赋人权、自由、平等、博爱、人民主权等自由主义思想滥觞，针对封建专制与神权长期的压制，自由主义大旗举得很高，表达也很极端，甚至很多人认为不受任何限制的自由才是理想的自由主义。在这种背景下创制的法律与经济贸易体制也夹杂着大量的极端理解。但是现实是严峻的，极端主义的自由很快在现实中遇到了挑战，甚至是激烈的冲突，缺乏限制的经济自由很快造成了社会冲突，自由主义支撑下的代议制政府的经济权力受到法律的严格约束，经济似乎完全是市场的行为，通过野蛮的自由竞争实现，完全不在乎人世间的真实情况。残酷、狂野的竞争之后，由于国家缺乏力量干涉，大量的违背人道主义的经济后果出现，在伦理上产生了巨大的疑问，而这一切却被资本主义的利润最大化所遮盖，被工业革命所造就的辉煌盛世所蒙蔽，被资产阶级的惊世文明之举所忽略。但是，极端自由主义观念造成的后果是可怕的，雇佣领域的恶果日益增多，伤害事件层出不穷，弱势群体的生存利益受到威胁甚至被剥夺，国家的公共利益在与私人利益发生冲突时，集体的公共利益难以得到保障。在经济领域，放任自由主义束缚了国家的调节能力，自由资本主义放任的后果就是私人资本的贪婪与自私，对公众的漠视与对国家利益的忽略导致阶级矛盾尖锐，公共秩序受到了死亡威胁。因此，需要对自由主义进行深入的挖掘与探索，了解其在资本主义历史上形成的原因、发展的过程及对当时社会历史的影响。搞清楚其发展的阶段与脉络，厘清它对经济学、法律的深刻影响，才能阐述清楚经济法在现代社会的起点。这就是上文论证自由主义脉络的目标。

契约制度源远流长，伴随着人类交易的出现而出现。我们从古代的法律现象中经常会发现当事人自由签订契约的情形，但是契约的格式要求却很严格，有时甚至苛刻。然而，"事实上，在17世纪以前，我们还没有像通常的契约法那样的东西，它的到来，主要是受了商业或经济因素的刺激"[1]。法律制度的形成不是一蹴而就的，需要有一个演变的过程。资本主义在欧洲教权和王权的夹缝中顽强地生存下来，首先有一个重要的法宝就是对承诺的严肃态度。无论从道德层面还是法律层面，履行自己订立的契约，兑现自己的承诺，这是一件伟大的精神武器，它绝不仅仅是个人的道德价值体现，而是人类工商业发达的公开秘密。资本主义从原始资本积累时期到商业资本主义拓展时期，从文艺复兴时期到自由资本主义工商业发达时期，进入垄断资本主

---

1. （英）伊特扬. 现代契约法的发展[M]// 法学教材编辑部. 外国民法资料选编. 北京：法律出版社，1983：341.

义时代,契约自由法律原则被清晰、完整地表述出来并被严格实施,成为那个时代的标杆。"我们首先应当想到,18世纪和19世纪乃是自然法理论和不干涉主义哲学的鼎盛时期,而对这时期契约法的产生颇负责任的法官们,同当时多数有教养的人一样,受流行的思潮影响极大。对18世纪的法官来说,自然法理论意味着人人都有给自己缔结契约的不可剥夺的权利;而对19世纪的法官而言,不干涉主义哲学的意思是指法律对人们的干涉应当越少越好……这些思想应用于契约法,就表现为鼓励几乎不受任何限制的缔约自由。由此,'契约自由'和'契约神圣'这样陈旧的信条就成为整个契约法赖以建立的基础。"[1]这一段话很精练地概括了契约自由原则在资本主义法律体系中的发达,反映了启蒙运动中自由主义思想对欧洲法治的深刻影响。

实际上,契约法或古典的契约理论主要是指19世纪发展起来的契约理论或思想。"古典的抽象契约法是现实主义的。与当时的社会现实相适应,契约法没有具体细琐的规定,也不凭籍社会政策来限制个人自治或市场自由。因此,它与自由的市场大致吻合。"[2]19世纪的法学家们从经典案例中提炼、整理出抽象的契约一般原则和具体规则,出现了完整的契约法体系和契约理论。1871年克里斯多佛·哥伦布·兰代尔出版了《契约案例》,包括合意、约因和附条件的契约,系统地阐述了契约的理论规则。1881年霍姆斯出版了《普通法》,研究探讨契约理论的哲学基础。1920年威灵斯顿出版了《威灵斯顿论契约》,详细研究契约理论的细节问题。除此之外,古典契约理论的代表人物还有英国的安森和波洛克。威灵斯顿担任美国法学会会长时,在介绍《第一次合同法重述》时阐述到,"正是通过这一系列的起草制定法、梳理合同理论和体系、重述契约法规则的工作,威灵斯顿在继承兰代尔和霍姆斯契约理论的基础上最终确立了美国的古典契约理论"[3]。而这些理论就是

---

1. (英)伊特扬.现代契约法的发展[M]//外国民法资料选编.北京:法律出版社,1983:343.
2. (美)吉尔莫.契约的死亡[M].曹士兵,姚建宗,吴巍,译.北京:中国法制出版社,2005:5-6.
3. 刘承韪.英美契约法的变迁与发展[M].北京:北京大学出版社,2014:24.

西方自由经济中契约自由原则最经典的标志,它们将自由主义经济的内涵用法典的思想明确表达出来,为资本主义自由经济体系构造了一个完美的法律框架,其对世界的影响是不可估量的。大陆法系民法典中设立了债权编,其中设有合同部分,就是契约,传承罗马法的体系,后来又将契约纳入法律行为,特别强调意思表示的效果。而英美法系则将契约视为一种合意,强调承诺的效果。角度虽然有区别,但是契约自由的含义是相同的,与自由竞争是完全吻合的。经济法首先要面对的就是这堵厚重的契约自由之"墙",经济法理论也正是在突破这堵"厚墙"的过程中产生的。经济法人需要清晰地了解契约自由是怎么回事,自由竞争是怎么回事,这样就能够有针对性地提出经济法形成的历史合理性。

随着19世纪下半叶福利国家的兴起和公共政策的大量出现,古典契约理论在法律上开始被限制。吉尔莫的《契约的死亡》一文最终描述了"契约的死亡",即古典契约理论的终结。约因作为契约生效的必要条件被允诺不得反悔取代,绝对契约责任被否定,无契约无责任的法律原则被打破,契约责任与侵权责任开始了一定程度的融合,例如出现了严格责任或准契约责任等。而这些突破了古典契约法的新规则也被融入了更新的专门化法律之中,例如竞争法。

三、竞争法的诞生

协议、合同行为在19世纪初的民法典中主要被设定为遵从自由原则,《法国民法典》中用一千多条条文来规定契约之债,可见契约对资本主义社会的重要性。契约自治是在形式上平等和自由的名义下实行的,并且是自由和平等原则的逻辑结果。但是在19世纪中后期,社会经济结构发生了巨大的变化,自由竞争的结果是你死我活的生存竞争,竞争中具有竞争优势的主体逐步变大,利用股份制的优势逐渐成为市场中的庞然大物,他们自然而然地利用契约自由原则开始限制贸易自由、竞争自由，这种利用自由竞争原则进行的竞争行为开始垄断市场，打击竞争对手，产生了压制竞争的结果，由此产生了剧烈的社会矛盾。然而，当时的法律结构长期受契约理论的影响，崇尚契约自由与国家不干预，以至于无法应对这样的社会矛盾，因此需要出现新的法律思想与制度，以适应新的社会问题。

在美国《谢尔曼反托拉斯法》颁布之前，美国干预自由竞争的做法就已出现。蒸汽轮船公司及商界新星范德比尔特于1817年受雇于托马斯·吉本斯，挑战富尔顿对新泽西伊丽莎白地区和纽约地区的水路垄断，卷入了最高法院关于特许权垄断的一项重要裁决中，并最终在1824年的吉本斯诉欧格登案中获得胜诉判决，只有联邦政府而非各州政府可以管理州际贸易。范德比尔特和吉本斯胜诉，使得各个地方的运费降低了。[1]这个案例表明，19世纪初司法权力就通过判例干预过自由竞争，将过去形成的契约自由与自由竞争格局通过司法判例改变。同时代，美国国会同意资助科林斯的公司与受政府资助的英国吉纳德运输船队公司竞争，这就是早期美国立法机构干预经济的表现。但是科林斯受到了范德比尔特的挑战，他不是想办法提高业绩或提高船只作业效率，反而游说国会向他提供更多的资金支持，后来被范德比尔特打垮。[2]这些早期的国家干预自由竞争或契约自由的案例正是经济法早期法律形态形成之时，突破自由竞争时代的法律原则需要新的法律概念与思想，这就为经济法的专门化立法预留了空间。

现代竞争法出现的标志是1890年的《谢尔曼反托拉斯法》，但是垄断是一个历史现象，并非现代才有，有关控制垄断与经济势力的法现象在古代就出现过。清道光十二年（1832年），清廷废除纲法，改行票法，徽商从此丧失了他们的世袭行盐垄断权。欧洲行会通过垄断获得垄断经营与收入，君

---

1. （美）施韦卡特, 多蒂. 美国企业家——三百年传奇商业史[M]. 王吉美, 译. 南京：译林出版社, 2013：80.
2. （美）施韦卡特, 多蒂. 美国企业家——三百年传奇商业史[M]. 王吉美, 译. 南京：译林出版社, 2013：82.

主通过垄断特权的授予获得大量财政收入。"普通法所做的贡献，尤其是在贸易限制、共谋以及公共利益这三个概念的确立方面所做的贡献是不容忽视的。"1602年戴西诉爱伦一案中，普通法否认了君主的特许权；1642年的《垄断法》规定，除了专利和发明外，其他所有的垄断都是无效的；1689年，《权利法案》的颁布彻底停止了皇家垄断权。[1] 在契约自由理论的支持下，契约自由与贸易自由之间产生了难以调和的矛盾，人们可以利用契约自由的法律权利来限制他们之间自由贸易的权利。这种冲突很难在契约自由的法律框架中得到解决，因此跳出原有法律框架势在必行。于是，满足公共利益的专门化竞争立法出现了，这种立法将很多违反了公共利益的限制竞争协议移出私法体系，将很多协议定性为侵权或者是违反行政法甚至犯罪行为。这种将契约责任与侵权责任混同起来的做法突破了契约自由的法律原则，将私法责任公法化的结局就是新性质法典的出现。竞争法专门立法的出现是现代经济法产生的标志之一，也是理解现代经济法的突破口之一。

四、经济法的要领与灵魂

在经济法学界，包括中国和日本，很多学者都认可竞争法是经济法的核心，尤其是反垄断法。德国和美国在国家崛起之时，最需要的是借助国家力量支持资本主义发展，而当时自由主义已经根深蒂固，自由主义原则支撑的法律体系也已经广泛流传，在德国和美国出现干预主义的经济学思想和政策及立法是历史的选择。美国1890年的《谢尔曼反托拉斯法》标新立异，突然间在自由主义和契约自由盛行的西方社会将契约责任转化到侵权责任，将私法上的责任转化为公法责任，并且直接针对社会最突出的问题进行专门立法，打破了传统公法与私法划分的界限，在法律界引发了轩然大波。该法的正式名称是《保护贸易及商业免受非法限制及垄断法》，共八条，第一和第

1.（英）亚格纽. 竞争法 [M]. 徐海，等，译. 南京：南京大学出版社，1992：2-3.

三条规定：凡以托拉斯形式订立契约、实行合并或阴谋限制贸易的行为，旨在垄断州际商业和贸易的任何一部分或试图垄断、联合或共谋犯罪，均属违法。违反该法的个人或组织，将受到民事的或刑事的制裁。该条文明确地将契约列入反垄断专门立法范畴，将损害公共利益和政策的契约剔除出私法的行列，禁止或限制私人意思自治，将私法上的契约自由约定责任变更为法定的侵权责任，将私法上的契约民事责任变更为刑事责任，在古典自由主义的法律体系中撕开了一道深深的口子，为国家干预主义的专门化立法确定了标准。

在此之前，如此目标明确、内容清晰、专门针对垄断问题的制定法尚未出现过。因此，经济法学界将《谢尔曼反托拉斯法》列为现代经济法出现的标志恰如其分，这部法律从立法思想上、体例上都开创了国家干预主义专门化立法的先河。虽然之前一直存在判例法上对自由竞争的干预，德国在俾斯麦时代也出现了经济干预政策和立法，但是，作为现代经济法专门化立法产生的标志，首推应为《谢尔曼反托拉斯法》。这部法律的思想渊源离不开汉密尔顿，离不开李斯特和社会主义理论，它深受国家干预主义和社会主义思想的影响，与德国最早出现经济法概念一点都不矛盾。它不是孤立的立法事件。从此以后，秉承此类思想的各种经济法专门化立法纷纷出现，在不同时代、不同国家表现出丰富多彩的法律形式。

反垄断法将契约责任转变为侵权责任，这是一个巨大的进步与变化。在当年自由主义盛行的西方资本主义社会，契约自由原则深入人心，遍布在社会生活的角角落落，想撼动这自由经济的堡垒谈何容易。从今天来看，将契约责任转化为侵权责任，都属于私法范畴，并没有跳出民法的圈子，没有什么值得夸耀的，但是，这个转变却标志着私法自治、契约自由至上的自由竞争时代的终结，由此进入了国家干预或管理与市场竞争共存的新时代。在这种背景下，因干预或管理经济以调节市场竞争而产生的法律不再是简单的民商法和行政法了，而是经济法了。这一步的跨越使经济法得到恰当的阐释，让我们看到了经济法现代化的标志——经济法专门化立法的产生，它呈现出一些新特性：契约责任侵权化，私法责任公法化，授权政府部门依法干预、监管、调节或调控市场，立法呈现专门性、针对性和现实性，这就是现代经济法最初的形式。正是在此基础上，国家干预市场经济的法律形式被市场经济国家不断使用，在一次次的经济浪潮中不断拓展，产生的经济法专门化立法类型不断增加，国家干预经济的法律种类越来越多，根据国家干预、管理或监督的职能加以区分，各种各样的经济法专门化立法成为市场经济国家的法律的重要组成部分，后来社会主义国家甚至在计划经济体制下也采纳了经济法的形式，它虽然缺乏西方经济法的完整内容，但是振兴经济的职能却不相上下。

第八章 扭曲的营业自由与竞争法（商法的变迁）

本章摘要

商法的产生和发展充满了自由主义的原则。但是，自由放任的公司行为演变为限制自由竞争的手段，大量任意性的商事法律规范使得商法保护下的公司行为无所顾忌，破坏了社会公平、公共利益和交易安全。因此，国家逐渐在商法或公司法中增加了监管制度的条款，不断改变着自治性质的商法的概念。带有经济法色彩的商法应运而生。

一、商法的由来与自由主义

在自由竞争的时代，契约自由原则是金科玉律式的法律经典，在它的影响下，实际上还有商法的营业自由原则，也称作交易自由原则，该原则"就是这种自由经济主义（指亚当·斯密为代表的反对政府干预的自由经济学）在商法中的体现。交易自由的规范性特征表现为法律中的任意性规范，即赋予当事人自由选择的规范或者仅具有指导性的规范，当事人可以自由决定其商业事务。私法自治原则反映在商法中的各个方面和各种制度中，譬如，在公司法中，可以通过公司章程进行公司治理来实施票据法中的任意记载事项，保险法中当事人对保险价值的约定等等"[1]。无论是民商合一，还是民商分立，

---

1. 施天涛.商法学[M].北京：法律出版社，2003：19.

契约自由原则被突破的同时,商法的自由主义理念也受到了巨大的冲撞。

商法法律规范在古代的很多法律中都出现过,例如古巴比伦法律中关于商业方面的法规就很发达,在其影响下还制定了腓尼基的商人法。雅典曾经颁布过进出口贸易法,公元前3世纪在亚历山大城就有汇票和有价证券流通。《罗马法》中虽然未给商法留出一席之地,但是《罗马法》本身就是规范商品经济的法律,是商品社会的世界性法律,其中有对银钱业者、海陆运输人、商栈海险、共同海损,还将买卖、雇佣、合伙等归入万民法。这些规定说明,作为一个法律部门,其在古代法律中是客观存在的,只是没有像近代那样专门化、系统化、体系化、法典化,但对商法的由来可以窥见一斑。"在中世纪欧洲城市法律的形成过程中,一个特殊的法律部门——商法,从普通私法体系中分离出来,并且获得迅速发展,对国际商业贸易的发展起了重要作用。"[1]

在资本主义萌芽时期,即11—13世纪,欧洲出现了特殊的社会组织——自治城市,可以被称为"准主权组织",商人们通过向王权购买特许令获得自治,出现了许多商人团体,制定了很多商业规章,概括了罗马法的很多内容与大量的商业惯例,"通过法学家的著作变成了西欧各国城市调整诸如银行业、票据交易、典当业、船舶登记和载货,以及保险等业的法律规范的内容。商业关系的固定化,促使具有实质性的统一商法和海上规则的形成和发展。意大利的商法,具有领先的地位,是综合性的、详细的和统一的法律"[2]。这就是近代商法的开端,这在欧洲是一种独特的现象。由于教会和王权争夺霸主,因此容忍商人在中间的存在,并且通过交易可以获得独立的创制法律的机会。这也是商法得以从私法中分离出来的根源,也是商法在很多国家都被认可为一个独立法律部门的缘由。但是,这种商法毕竟存在于中世纪,常会受到教权和王权的干涉与限制,因此,只有在与资本主义自由观念

---

1. 由嵘,外国法制史[M].北京:北京大学出版社,1992:125.
2. 由嵘,外国法制史[M].北京:北京大学出版社,1992:307.

结合后，商法才获得了进一步的独立。

法国大革命后，拿破仑也颁布了法国的商法典，它对欧洲国家，尤其是拿破仑统治过的国家产生了直接的影响。1807年商法典颁布时采取了民商分立的形式，认可契约自由的法律原则，但是"其前身是1673年商法典和1681年海商法典，在许多问题上都只限于重复这两部汇编的规定"[1]，自由主义的观念并没有深入贯彻，这可能与当时法国大革命的妥协结果有关。但是它第一次用专门化、系统化、体系化的方式将商法部门的概念清晰地表现出来，这是一个了不起的创举，从此以后，商法概念跃然纸上。

在拿破仑商法典颁布后直到拿破仑三世统治的第二帝国时期，有限公司的数量很少，原因就是1807年的商法典对公司设立采取了许可主义原则，也称"发牌"制度。因此，拿破仑三世"法制改革的核心就是废除这一原则，并依据自由主义的规范体系引入建立自由原则。这意味着，首先，要订立一个精确的法律规例以确立股份公司的建立条件。其次，要与英国一样，这一企业要披露有关其经济状况的年度报告。第三，明确这一企业的执行组织和股东大会的相关条例。之后，公司的建立不再需要政府机构的审批许可，只需要在商事登记机关简单地注册登记就可以了"[2]。这才体现出资本主义商业经营自由主义原则与契约自由的民法原则相统一。此时商法形成的营业自由原则受到了契约自由原则的鼓励，不干预主义成为19世纪的市场竞争口号。在近千年的发展中，商法形成的"特别主义"历史使其与其他法有着截然不同的显著特征，这更是其容易接受自由主义的历史渊源。"它来源于商业团体章程、商事习惯和商事司法实践。商法直接由商人阶级创造，并无政治社会的介入。它以一个阶级的名义而非整个共同体的名义对所有人产生强制力，因此，从政治上而言，商人阶级曾经是当时的城市国家的社会领导阶级和统治力量，其能够通过公共机构发布法律并对其他社会关系发号施

---

1. 由嵘．外国法制史[M]．北京：北京大学出版社，1992：307.
2. （德）维瑟尔．欧洲法律史[M]．刘国良，译．北京：中央编译出版社，2016：587.

令。"[1] 从中可以看到，商法也与民法一样，深受自由主义的影响，从商主体的产生到商行为的范围，都充满了自由主义的法律选择。

二、商法典的价值探索

虽然古代就有商事法律规范和商法部门，但是古代法典一般诸法合体，从法律规定之中很难抽象出商法部门的清晰概念。中世纪时，虽然因商法的"特别主义"而出现了商业团体章程、商事习惯和商事司法实践，但是无法清晰、系统、专门化地体现出商法部门的结构。随着法学研究的发达和商法司法实践的不断丰富，商法部门逐渐清晰起来。1662 年约翰内斯·马考德撰写了《政治逻辑原论——中世纪商人法》，"直到 18 世纪这部书仍然还是商法领域中最重要的标准书籍"，这部著作奠定了近代商法部门的基本理论与内容，为商法部门的法典化和体系化做出了杰出的贡献。"之后，自 17 世纪开始，各个国家强化了关于商事行为的立法活动，商法国家化的一个简单理由在于：专制国家通过加强对本国经济的管理，要达到逐渐强化其重商主义政策的目的，而法国就是这一政策的先驱，因此，毫无意外的是，法国在这一时间里颁布了最全、最好的商事法律，即 1673 年由路易十四颁布的《商事法律》。"[2] 这部商法典将商法理论变为立法现实，再加上 1681 年颁布的《海商法典》，实现了近代商法体系化。在此基础上，拿破仑在 1807 年制定了商法典，包含了合伙、公司、交易所、票据、破产、海商及商事法院和诉讼的专门问题。1794 年的《普鲁士普通邦法》是德国统一前颁布的一部商事营业法，1900 年德国实施了统一后的第一部商法典，还颁布了一些单行法。除此之外，很多国家也纷纷颁布了商法典，这样就将商法法律部门清晰地呈现在世人面前了。

---

1. （意）卡尔卡诺. 商法史 [M]. 贾婉婷，译. 北京：商务印书馆，2017：1.
2. （德）维瑟尔. 欧洲法律史 [M]. 刘国良，译. 北京：中央编译出版社，2016：468.

在欧洲资本主义特殊的发展历史上，商业资本主义占据了漫长的时间，因此，商人和商法成为一种独特的法律概念。近千年的文化与经验的积累与传承使得商法有着自己鲜明的个性，因此其法典内容的传承也很稳定。这也是近代欧洲民族国家形成以来最伟大的创举，它将资本主义在原始积累、商业开拓、工业革命和自由主义与人本主义政治革命中的经验搬进了近代的法典，以国家的力量将这些宝贵的经验固定下来，以逐渐推广契约自由、交易制度标准化和法律责任强制化，进一步强化法治的功能，为市场保驾护航。

商事法律规范在古代法律中就存在，这一观点前文已述。西方商法的很多渊源都在《罗马法》，在中世纪商人法出现的时候，也借鉴了许多《罗马法》的规定，因此民商密切关系的源头就在于此。但是，商事毕竟有其特殊性，在商事发达的社会中，民法的一般规定是无法满足这种特殊需求的。因此，商法部门有其独立或相对独立的必要性。契约或交易自由在商法中有的逐渐被商业习惯或标准交易模式所取代，在公司内部很多契约制度被标准化或强制性管理规定所取代，过去生产商与贸易商的契约关系固化为内部管理或协作关系，公司章程有的存在契约的本质，有的被强制性要求标准化或格式化。合伙、银行业、保险业、破产、海商、票据等都呈现出这种变化，商法的独立调整范围的理由更加充分了。

三、变迁中的商法概念

对应自由主义而创制的商法典实际上反映了资本主义对交易自由、效力和安全的追求，体现了资产阶级在崛起中的先进性、创造性和独立性，既有对民族国家统一市场的迫切需求，也有对世界市场进行统一的带有无政府主义的自由的需求，17—19世纪商法典的形成恰好反映了这种看上去有些矛盾的需求，这也许就是对"私法自治""不干预主义"的最好解释了。

但是，世界不是静止的，商法典也不会因为其体系完整、系统、清晰而达到完美主义的终极化状态。随着经济形势的变化,商法和商法典也在发生变化。19世纪下半叶,随着电气工业革命的迅猛发展,铁路行业、电讯行业等掀起的第二次工业革命浪潮使得交易规模不断扩大,交易速度加快,生产力快速提高,由此传递到国民经济各个行业,经济规模不断扩大,竞争加剧。为了实现利润最大化,各种各样的竞争行为层出不穷,契约自由变成了垄断集团限制生产、贸易自由的自由,私法自治变成了欺诈者、投机取巧者的法律天堂,以诚信原则作为帝王条款的民商法律受到了激烈的冲撞,出现的纠纷和矛盾已经是原有的商法体系无法解决的了。由于公司被抽象成攫取利润的特殊工具,自由放任的公司商行为将营业自由或交易自由的商法原则变成了限制自由竞争的手段,大量任意性的商事法律规范使得公司行为畅行无阻。这一切破坏了社会公平,影响了公共利益和交易安全,因此,在商法或公司法中逐渐出现了很多监管制度的条款,还有诸如公司社会责任的内容。这些带有经济法或社会法性质的条款不断出现在商法中,改变着自治性质的商法的概念。

德国在崛起的过程中,在创制民商法典的同时也开创了经济法和社会法专门立法,国家干预或国家主义法原理不断直接影响着商法典的基本原则。美国在传承英国自由经济法律体系的同时,及时吸取了汉密尔顿、李斯特干预主义的法律思想,自由经济的法原理中渗透着贸易保护、产业保护的干预主义,并且一直没有完全消失。日本在学习英美模式的时候,却发现德国模式才是自己的所爱。意大利也是如此,"保护主义、银行对工业发展的保证、国家干预,这些在自由保守主义者看来都是意大利经济、工业生活中的'不正常'特征,但它们却是意大利工业进程的历史条件。正是这一进程在意大利融入欧洲工业化的浪潮过程中起到了决定性作用,意大利作为'后进'国家,它的工业化进程不能仿照英国的'古典'模式,这一模式受到保护主义者的青睐和自由主义者的批评"[1]。后进资本主义国家都为自己找到了自由主

1.(意)卡尔卡诺.商法史[M].贾婉婷,译.北京:商务印书馆.2017:160.

义和工业主义的协调之路,但是在它们崛起之后,一般不会承认存在保护主义,只承认这是自由主义的功劳。

在今天很多人看来,没有管制或监管的竞争自由仍是开明政治的最高标准,在当年也是。但是,这是一种一厢情愿的主观主义理想。自由总是一种相对的概念,当自由过度损害社会公共利益时,法律的限度就要相应地被修改。例如,在商法自由交易原则盛行的时代,英国就出现了欺诈性的融资行为,于是有了1720年的《泡沫法案》。在19世纪末,美国在证券领域出现了掺水股票,在铁路行业最为盛行,当年的铁路大王范德比尔特就是在掺水股票中跌入谷底的。过度的自由严重损害了华尔街的交易所制度,导致美国的《1933年证券法》和《1934年证券交易法》问世。以强制性信息披露为制度核心的证券法律规则的出现,使得证券发行不再是纯粹私法意义上的自由交易,而把公法规则带入了融资交易之中。也就是说,为减少筹资者与投资者之间的不对称信息,证券法规定,证券发行活动必须履行向监管当局注册并公开披露信息的义务。证券法规则在价值取向上必须权衡投资者保护和便利融资这两大市场目标,这就使商法意义上的证券法性质发生了变化。

在货币领域,美国国会于1834年通过了《货币发行法》,将白银与黄金之间的法定比价定为16:1。美国西部发现银矿后,白银价格开始下跌,1873年通过《铸币法》,取消了固定的银币铸造。1878年又通过了《布兰德—艾莉森法》,规定财政部每个月以当期市场价格购买200万—400万美元的白银,以维持白银价格。但是白银价格仍在跌,于是参议院在1890年通过了《谢尔曼白银收购法》,规定财政部每月购买的白银数量必须是过去的一倍,但由于联邦政府黄金储备急剧下降,1893年废止了《谢尔曼白银收购法》,总统克利夫兰于1895年到华尔街寻求投资银行家的帮助。1900年,国会通过了《金本位制法》,暂时稳定了美国的货币价格和金本位制。1907年美国再次爆发金融大恐慌,总统再次求助于华尔街银行家,并于1913年成立了全国货币委员会和联邦储备系统。1929—1933 年美国白银价格再次暴跌,威胁货币体系,罗斯福总统下令财政部再次对外收购白银,并于 1933 年 6 月通过了新的《白银收购法》,规定财政部必须对外购买白银,以维持货币体系。从 1792 年到 1939 年,财政部一共购买了超过 46 万吨的白银。[1] 这就是美国的货币行业由自由竞争到逐渐被国家干预的过程。深入探究经济发展的历史,我们可以发现,竞争远没有我们想象的那么概念化、简单化。

自由交易的商法制度中出现了国家干预主义的监管条款,这在以往的商法中是少有的,也就是说,自从自由主义影响下的商法出现以来很少有过,国家干预主义的法律更多地被定性为经济法。这种变化是大范围的,在公司、合伙、银行、簿记、保险、破产等领域都发生了。即使为了传承自由主义思想影响下的法律体系的稳定性,这些法律也是私法公法化的结果,即使仍放在商法典中,其性质也已经属于经济法了。至于那些干预性、监管性制度与条款是否还能像过去一样被去掉,这个问题只能问未来了,目前这种状况已经形成,我们应当接受并妥善处理这些问题。

四、商法与经济法

法律有很多习惯存在,例如商法,有很多商事惯例,也创制了很多商事共同规则,划分法律部门时就必须充分考虑这种惯例。在商事惯例或共同规则中出现了国家干预的内容,这还是商法部门的调整范围吗?例如保险、破产、公司、合伙等法律中都有这种现象,我们只能承认这是一种性质变化,这些法律规范性质上具有经济法属性,但仍按历史惯例将其留在商法部门中,既尊重历史,又承认现实。在契约自由原则、营业自由实现的商法时

1.（美）修斯,凯恩.美国经济史[M].杨宇光,等,译.上海:格致出版社,上海人民出版社.2013:427–430.

代,自由、放任的惯例和规定被归拢在一起,现在这些条款发生了巨变,出现了监管与干预。我们应当承认,变化是必然的,但恰当的处理方式是人们可以选择的。法学作为社会科学有其严谨逻辑的一面,但是也要尊重历史传统与习惯,处理法学问题不能像处理自然科学问题一样毫厘不差。

"商"和"经济",从字面上看存在诸多的相似之处,但是在法律部门的层面上,二者却有着明显的不同,历史根源、调整范围都很不同。然而,由于自由主义撞到了干预主义,历史不可避免地发生了变化。国家为了解决社会矛盾,在自由主义的法律基础上创制了干预主义的制度与条款,这一现实不容抹杀,也无法回避。因此,私法公法化的商法是现实,经济法的思想与制度渗透到商法也是事实,它们的矛盾不是不可调和的,也不是无法解决的。比如中国,即使将来创制了商法典,其中的监管、行政许可类法律内容既属于现代商法,也属于经济法性质,只是内容编列在商法典中而已,这样才是对历史和逻辑的尊重。

在市场革命上升时期,为了开拓市场,前人的好的经验与办法被威严的法典或制定法固定下来,成为商法部门的近代形式。但是,随着资本主义技术革命的迅猛发展,翻天覆地的变化开始出现,开拓市场的力度和幅度暴增,竞争表现出异常激烈的状态,其形成的优胜劣汰的法则成为生存准则,而自由主义支撑下的法律则无法消解被淘汰的弱者的悲惨境况,资本主义民族国家和市场面临着崩溃的结局,这时社会主义、改良主义、干预主义才逐渐走进商法。这也是社会进化进而推进法律进化的历史必然,如果还想着商法可以回到自由主义盛行的时代,那就是让历史再重新回到原点。"在19世纪末,当维护公共卫生和公共健康成为国家职能时,国家社会职能的经济效用就表现得更为明显……资产阶级宣扬自由主义,反对公共开支的不断膨胀。但同时他们在(意大利)统一之前就要求国家兴建经济基础设施,'铁路、港口、仓库具有突出的重要意义,对它们的创建与维护也成为政府最重要的功绩,加富尔(Cavour)在赞扬自由主义原则时也指出,只要涉及难以执行或超出私人工业力量的公共工程，我们就认为社会力量的直接介入是有益的'……意大利资产阶级形成了国家主义的思维模式，所有人都希望自己经营的企业能得到政府的指导和帮助。"[1] 这种现象在当今市场经济国家已经成为常态，而在不到一百年前的西方，人们还惊奇地称之为"新政"，连美国的最高法院也对此充满了敌意，甚至用判决否决了新政推出的干预性法律。

因此，有中国经济法学者提出，创制《经济法通则》实际上已非常有必要，在通则里就可以说明商法中的监管条款等性质属于经济法，属于立法授权政府实施监管，但条款本身仍设计在商法原来的法律中即可，这在立法上也是常有的情况。例如物权法中列出了法定的物权种类，但是在其他法律中存在的物权或准物权仍然属于物权法内容，如矿产资源法、水法、土地管理法等。另外，目前各国的法律中大量存在的涉及经济管理、社会福利或责任的制定法，需要有一些体系化的梳理，需要以哲学层面的思维确定其本质，明确其社会位置，否则过于分散、零乱，不利于学习和掌握，也不利于国家管理。经济法和社会法部门的思想恰好迎合了这种需求，创制出一个极端自由主义思想崩溃后的新思想模式，让新生事物在进化的法律体系中可以被容纳，可以得到解释。

1.（意）卡尔卡诺. 商法史 [M]. 贾婉婷，译. 北京：商务印书馆 .2017：158–159.

第九章 自由经济学的理念与资本主义

本章摘要

国家干预主义出现之前,社会也并非单纯的自由竞争,当时国家在立法中管理、干预、协调、规范经济事务的现象并不少见。但是生产资料的私人占有与社会化大生产之间的不可调和的矛盾始终是资本主义的致命弱点,因此需要干预主义的经济学思想来调整市场。

一、自由经济学的基础

很多经济法学者论述经济学的影响时,经常会提到亚当·斯密的"看不见的手"的影响。但斯密仅仅是奠定了古典政治经济学的基础,还没有将经济学变为一门影响直接的科学学科。从上述研究可知,对法律产生影响的自由主义也并非亚当·斯密的经济学一派,因此,为了有针对性地、深刻地揭示现代经济法出现所面对的真正对手——自由经济学,不仅要深入了解斯密,还要在斯密的道路上继续往前走,找到更接近的思想,这样才能够更深刻地批判古典自由主义的阻碍。

亚当·斯密主张自由贸易,成为古典自由经济学的鼻祖。他主要面对的是对重商主义的批判。在斯密生活的时代,英国资产阶级已经在重商主义的庇护下羽翼丰满,例如航海法案与谷物法案的庇护。斯密意识到了威胁,他指出:"航海法案不利于对外贸易,或者说遏制了对外贸易带来的财富增长……正如我们现在想在任何方面缩减我国制造业者既得的有害于同胞的垄断权一样危险。这种垄断权已经在很大程度上增加了某些制造业的人数,他们像一个过于庞大的常备军一样,不但可以胁迫政府,而且往往可以胁迫立法机关。支持加强此种垄断权提案的议会成员不仅可以获得理解贸易的佳誉,而且可以在那种因为人数众多和财富庞大而占据重要地位的阶层中备受欢迎与拥护。反之,要是此人胆敢反对这类提案,或者甚而有权阻止这类提案,那么,即使他被公认为是最正直的人,有最高的地位、最大的社会功绩,恐怕仍不免遭受最不名誉的侮辱与诽谤,不免受到人身攻击。而且有时会面临实际的危险,因为愤怒和失望的垄断者会以无理的暴行来加害他。"[1]从斯密的字里行间可以看到当时他所面对的重商主义的势力与影响。斯密的著作问世后,自由主义者和被垄断压迫者们奔走相告。斯密不会提出无法律限制的绝对自由,因为他也很熟悉我们当今经济学界、政治界和经济法学界熟悉的名词——"调控",他在著作中指出:"任何商业调控都不可违反这一常识(指雇工人数与社会资本总量),增加社会产业的总量,使之超出其资本所能维持的限度。商业调控只能改变其中部分产业的导向;至于这种人为的方向调整是否就要比产业根据自身条件自然发展更为有利,则纯属不确定因素。"[2]斯密敏锐地提到了产业调控的问题,而这时恰好处于自由主义思想与重商主义思想的斗争之中。我们发现,重商主义法律或政策中体现的也是一种干预主义或管制主义。这说明现代经济法面对的是特殊的自由时代——资产阶级创造的自由竞争时代。

在斯密之后,西方自由经济学又走过了一条漫长的道路。"凯恩斯以前的主导经济理论是马歇尔为代表的新古典学派自由放任经济学说,又称传统

1.(英)斯密.看不见的手[M].马睿,译.北京:中国出版集团,中国对外翻译出版公司,2010:48,55-56.
2.(英)斯密.看不见的手[M].马睿,译.北京:中国出版集团,中国对外翻译出版公司,2010:38.

经济学。这种学说是建立在'自由市场、自由经营、自由竞争、自动调节、自动均衡'的五大原则基础上的，其核心是'自动均衡'理论。他认为在自由竞争的条件下，经济都能通过价格机制自动达到均衡；商品的价格波动能使商品供求均衡；资本的价格——利率的变动能使储蓄与投资趋于均衡；劳动力的价格——工资的涨跌能使劳工市场供求平衡，实现充分就业。因此，一切人为的干预，特别是政府干预都是多余的，什么也不管的政府是最会管理的政府，应该信守自由竞争、自动调节、自由放任的经济原则，政府对经济的干预只会破坏这种自动调节机制，反而引起经济的动荡或失衡。"[1] 马歇尔使经济学正式成为一门学科，他的经济思想至少影响了西方世界四十年，整整两代人，根深蒂固的放任自由思想就体现在这里。经济法学者一直探讨的历史背景的根源可以说就在这里，因为这是 19 世纪末支持自由竞争的自由经济学思想，而不是亚当·斯密时代的古典思想了。

二、自由市场机制与法律的选择

研究现代经济法确实要熟悉自由经济学思想的历史发展脉络，否则会陷入认识的混乱，主观地认为，国家干预主义出现之前的社会就是单纯的自由竞争。显然不是。历史是客观的，是不容单纯的逻辑假设的。资本主义正是在自由主义，包括自由经济学的影响下逐渐创建着自己所需要的法律概念与理论体系，这种法律选择具有很强的时代性。资本主义需要市民社会的概念（无论是政治需要还是法律需要），但是市民社会的概念绝对不会是古罗马时代的概念，那个时代的市民根本无法与中世纪城市自治共和国的市民相比，更无法与英国清教徒革命、法国大革命和美国独立战争之后的市民相比，其所包含的政治和法律意义截然不同。

同样，资本主义在进步时代所定义的自由也是具有时代性的。因其是从

---

1. 凯恩斯的遗产 [EB/OL].[2019-04-21] 凤凰读书频道 https://culture.ifeng.com/.

中世纪封建王权和宗教神权的挤压下幸存下来并发展壮大的，因此首先要突出自由的特别含义，那就是个人的自由，竞争与开拓市场的自由，尊重经验与习惯的法律自由，国家权力被分置并受到严格限制的自由，这种自由被很多有理性的人称为法律限度内的自由，但是也被很多别有用心的图谋不轨者夸大为极端的自由，不受任何限制的自由，绝对的放任自由，包括契约的、竞争的、市场的绝对自由，排斥任何来自国家的干涉与协调。在这种时代，法律的选择也自然受到直接的影响，很多有限制的自由被逐渐夸大，以至于不顾严重违反伦理原则。这就是现代经济法出现时所面临的特定的自由——那个时代的自由，而不是泛泛地谈论自由。这种自由在资产阶级革命初期是很有理性的，甚至还有很多依此创制的保守的制度，但是，随着自由观念的不断扩散，极端的思想占领了很多思想阵地，它尤其受到资本家的欢迎。他们自私、冷酷，勤奋、理性，遵循清教徒刻板而严肃的创业精神，追逐利润最大化逐渐成为其人生最高目标。这种思想主宰下的竞争机制逐渐被大幅度地放任，法律也逐渐接受这种放任。要知道，国家、主权和政府的历史至少被证明距今有五六千年了，国家一直是统治与管理社会的第一权力人与责任人，不可能让社会自由到无政府主义状态，只是在资产阶级上台后，他们将国家的权力分置，并且严格地限定在他们设定的法治界限内。他们选择的这种自由恰好符合他们攫取利润的需要，当这种自由开始威胁到他们的利益甚至生存的时候，他们就会对这种自由哲学的信念产生动摇。这就是对自由，包括自由经济学的时代性的解读，现代经济法面对的就是这种自由放任。

历史上很少有国家绝对不干预经济事务的时候。在一些历史时期，包括经济史、政治史所定义的自由资本主义竞争时期，也存在国家干预与管理经济事务，只是多与少、普遍与不普遍的问题。现代经济法只有在这个自由的时代性的基础上产生才符合历史的原貌，因为从古代至资产阶级革命期间，国家在立法中管理、干预、协调、规范经济事务的现象并不少见，只是当时的经济法主要表现为王权或教权对经济事务的直接干预或影响,而现代经济法是在专门立法机构的制定法的框架内干预或影响,包括政府对经济进行干预也必须在这个框架内,这种法治思想背景下的现代经济法与古代经济法有本质的区别。我们赞扬资产阶级的历史进步性也正是基于此,近现代思想革命、技术革命和制度革命是现代文明的具体表现,现代的人性自由、法律保障与理性主义也是封建、教会时代不可比拟的。这样我们就可以解读清楚,为什么1807年的法国商法典是基于路易十四时代的商法典和海商法典,内容变化也不是很大,只是在拿破仑三世之后更多的自由主义法律制度才不断渗透到商法典中;也可以理解,英国在1720年颁布《泡沫法案》干预经济事务,在资产阶级上升时期的英国居然有《航海法案》和《谷物法案》,它们统统无法列入现代经济法范畴,只能属于近代经济法范畴。

三、资本主义的危机

马克思主义理论明确指出,资本主义的致命弱点就是生产资料的私人占有与社会化大生产之间的不可调和的矛盾,因此,极端的逐利思想伴随着技术革命的迅猛发展,伴随着世界市场的不断开拓,贪婪的资本主义的性质使得法律也开始支持贪婪,对社会造成的恶劣影响却少有人问津。摩莱里在1755年筹划经济法概念时,资本主义的弊端已经非常明显了。众所周知,1825年英国爆发了经济危机,股票价格大跌,过量的生产远远超过市场的需求,大批工业产品滞销,工人失业,本来低廉的工资一减再减,大批工商业企业破产倒闭,银行信用被破坏,银行也出现了倒闭潮。盲目的自由竞争带来盲目的逐利,靠价格维持的以供给和需求为变量的自由市场机制开始失灵,拥有适当垄断地位的企业并不想通过降价来释放过剩的生产量,而是通过毁灭商品以维持垄断高价。这种缺乏任何理性指引的疯狂逐利行为破坏了市场正常的竞争机制,损害了受雇者的正常生活,浪费了大量的社会资源,逐渐成为资本主义社会的毒瘤。此后几乎每隔十年就会爆发一次这样的危机，各资本主义国家都会有不同程度的表现。马克思主义理论中经常引用的经典案例——英国曼彻斯特、法国里昂、德国西里西亚纺织工人运动就发生在这个时期。这种危机一直持续着，进入垄断资本主义竞争时代后变本加厉。

大公司、大财团不断扩大市场，利用契约自由的法律手段限制贸易自由、交易自由，拼命打击大批的中小企业竞争对手，霸占市场，控制产量、市场、价格，并利用这种优势压榨并剥削消费者，凭借契约自由原则将雇佣工人完全玩弄于股掌之上，致使与工人的对抗日益强烈，产生了激烈的阶级矛盾。美、德两国进入资本主义阶段时就已经发现，国家的力量不容忽视，它是快速追赶英法老牌资本主义国家最快的捷径，因此美、德已经形成了借助国家力量影响市场的很多方法，包括法律方法。它们频繁利用国家的力量矫正自由竞争带来的破坏后果，颁布了很多与众不同的专门化制定法。像美国的反垄断法、药品和食品管理法、资源保护法等，德国的社会保险法、反不正当竞争法等，虽然反对的力量相当大，但是失灵的市场机制还是被逐渐矫正。2008年美国爆发的金融危机再次验证了放任自由的可怕后果，美国政府通过发行国债，动用国家力量救助资金体量巨大的投资银行，通过部分国有化或补贴的方式救助了私人的金融财团，用纳税人的钱让私人老板们再次大笑起来。

四、干预主义的经济学

在经济法学的研究中，对国家干预市场的思想来源讲述得最多的应该是凯恩斯了。这位宏观经济学的创始人在大萧条中以一部《就业、利息和货币通论》一鸣惊人，在美国一筹莫展时曾经写信给罗斯福总统，支持并赞扬"新政"危局中采取的一系列国家干预经济的政策与立法。美国历史学家赞扬凯恩斯："凯恩斯是一个相信在必要时政府可以进行干涉而不相信完全的放任主义的这样的一个人……他坚信要使经济周期上升，政府必须插足进来用减少失业的方法去维持购买力，从而领导着走上恢复商业投资的道路。这会意味着'赤字开支'，但它也会恢复经济的平衡。"[1]虽然凯恩斯的贡献举世公认，但是这却无法解释为什么现代经济法在19世纪下半叶就出现了，在《谢尔曼法》颁布时他才7岁，不可能有能力影响现代经济法的产生。这就需要我们深入钻研历史，考察一下经济学中干预主义的渊源及凯恩斯对现代经济法影响的合理评价。

实际上，在凯恩斯之前就存在重商主义的国家干预，19世纪下半叶逐渐出现国家对自由经济的干预。但是凯恩斯时代有其时代性。"19世纪末至20世纪初，自由竞争资本主义走向垄断资本主义，而为准备第一次世界大战，私人垄断资本加速了与国家权力相结合的过程，到20世纪20年代，国家垄断资本主义便已形成。但在传统经济学里，这种国家垄断资本主义对社会经济生活的干预从来被认为是不合法的，它最多只能被解释为特殊情况下的权宜办法。所以，战争结束以后，战时经济管理机构随之撤销，各主要资本主义国家对经济的调节和控制也减弱下来。但在大危机爆发以后，各主要国家纷纷颁布经济法律，建立经济管理机构，通过财政、金融和其他手段全面干预经济。在美、英、法这些国家，国家力量同私人垄断资本的结合，已不再是非常时期的权宜之计，而开始成为经常性的现象，国家对经济的干预被作为反萧条的重要手段来运用。"[2]这段资料合理地评价了凯恩斯经济学对国家干预主义的合理贡献，清晰地解释了19世纪出现的干预主义的性质与特点，并指出了凯恩斯经济学的贡献为什么会如此巨大，以至于很长时间内人们以为，凯恩斯才是现代社会中最早提出国家干预经济这一思想的人。这样就可以明白，7岁的凯恩斯不会对《谢尔曼法》产生任何影响，而是更早的国家干预者的思想。这样，现代经济法的探源就不能仅到凯恩斯为止，而

---

1. 何正斌.经济学300年：第三版上[M].湖南：湖南科学技术出版社，2010：305.
2. 何正斌.经济学300年：第三版上[M].湖南：湖南科学技术出版社，2010：305.

是要继续溯源而上，找到影响凯恩斯的那些伟大的人们。这对经济法基础理论的研究充满了实际意义，因为现代经济法的出现直接受干预主义经济学的影响。

五、经济法与经济学的蜜月

从文字角度看，经济法与经济学在汉语中只差一个字，因此，在中国，很多人将其理解为同样的意思。在中国法学教育领域，除了一部分法学专业的人士能从专业意义上理解经济法之外，多数人将其理解为涉及经济的法律，包括像民法这样的基础财产法，商法这样的专业经济领域的法，还有经济行政领域的法。从中我们可以看到经济与法的密切联系。经济法是直接受经济学思想的影响而形成的概念，这一点在经济法学界广为人知。谈到经济法突破契约自由原则时人们会马上想到亚当·斯密的政治经济学，谈到国家干预经济时人们会直接想到凯恩斯的宏观经济学，谈到有效竞争理论时人们就会想到克拉克的竞争理论，西方经济学的身影一直紧紧跟随在现代经济法的身边，这种关系一直在延续着。

经济法学的研究对象之一是竞争法，而西方经济学中有专门关于竞争的理论，例如市场结构理论，它将市场划分为完全竞争的市场、完全垄断的市场、垄断竞争的市场和寡头垄断的市场，为竞争法的基本思想设定提供了有效的指导。经济法学的一些重要名词和思想都来源于西方经济学，例如我们常说的宏观调控、产业政策、自由竞争、垄断竞争等，经济法与经济学有着紧密的联系，这在其他法律研究中是较为少见的，因此经济法与经济学关系密切。经济法学的理论构建一定要继续从经济学中汲取力量，这也是今后研究经济法学必须继续坚持的原则，尤其是我们在探索经济法思想源头时不能忘记空想社会主义经济理论、马克思主义经济理论和李斯特的干预主义政治经济学理论，这些思想恰好是现代经济法思想形成的理论源泉。

第十章　国家主义与干预经济

本章摘要

空想社会主义为国家意志干预或取代私人意思提供了最初的法律设计，李斯特为国家干预的政策提供了理论支持，马寅初将国家主义经济学思想不断地引入中国早期的现代经济法中。由此可见，国家主义思想催生了现代经济法，而同时催生的，还有现代社会法。

一、空想社会主义的法律蓝图

经济法作为现代法律体系的一个部门并非偶然出现，古代社会就存在国家用法律来管理、控制或干预经济的现象，在很多法典中都能找到实例。但是，现代经济法中最早出现的名词在古代是没有出现过的。前文已述，法国的两位空想社会主义者对经济法的贡献是经得起学术考证的。1755年，法国空想社会主义哲学家埃蒂安-加布里埃尔·摩莱里在他的著作《自然法典》第四篇"合乎自然意图的法治蓝本"中提出了"经济法"一词，在前三篇中他详细论证了当时社会中普遍存在的政治和道德的缺点，犀利地指出："个人利益这种普遍的瘟疫，这种慢性热症，这种一切社会的痼病，难道它能在从来找不到养料，甚至找不到任何一点危险的诱因的地方流行开来吗？我想不会有人对这个明显的命题提出异议：在没有任何私有财产的地方，就不会有任何因私产而引起的恶果。"[1] 摩莱里深刻地批判了私有制带来的社会恶果，而且认为私有制是一切罪恶的根源，这说明，在当时资本主义制度逐渐发达的封建帝国，私有制被痛恨至极。他提出，"道德和政治正应当根据这种最好的安排通过人工来尽力协助自然界，也应该按照自然界的活动来调节人工"[2]，这就是17、18世纪欧洲自然法学派典型的观点。正是因为有人类自然理性的存在，基于私有制的自私的人性罪恶就可以通过法律来矫正，因此设计了基本自由与神圣法、分配与经济法、土地法、市政法、取缔奢侈法、政府组成法、行政管理法、婚姻法、教育法、研究法和刑法。我们可以看到，摩莱里正是以法律部门划分的思路来设置经济法的，虽然与现代的经济法差距很大，但是最早的法律部门就体现在这部著作中。在那个时代，古代诸法合体仍向分门别类的专门化法典时代过渡，这种思想就显得尤为可贵了。这就是典型的用国家意志干预或取代私人意思的最初的法律设计，而且有明确的公有制规定和计划经济设计。

88年后，即1843年，又一位法国空想社会主义者泰奥多·德萨米出版了《公有法典》，在其著作中继续沿用了摩莱里"经济法"的概念。在这本书中，充满了对摩莱里的崇敬、信仰与引用。德萨米说道："您，英明的摩莱里亦复如此，当时您曾雄辩地发表了下列明智的词句……"[3] "摩莱里大声疾呼道：'宇宙的永恒法律就是：任何东西都不是孤立地属于个人'；天地不属于耕者，果树不属于采果人，甚至在自己的工艺产品中也只有他自己使用的部分才属于个人，其余的部分，都属于整个人类。"[4] 德萨米虽然没有像摩莱里那样逐条写作，但是直接在自己设计的《公有法典》中沿用了分配法和经济法的概念，继承摩莱里的思想继续深刻地批判私有制的利己主义，并且也从法律部门的角度设计了自己的法律体系，如根本法（不同

1.（法）摩莱里. 自然法典[M]. 黄建华，等，译. 南京：凤凰传媒出版集团，译林出版社，2011：13.
2.（法）摩莱里. 自然法典[M]. 黄建华，等，译. 南京：凤凰传媒出版集团，译林出版社，2011：12.
3.（法）德萨米. 公有法典[M]. 黄建华，等，译. 南京：凤凰传媒出版集团，译林出版社，2011：99.
4.（法）德萨米. 公有法典[M]. 黄建华，等，译. 南京：凤凰传媒出版集团，译林出版社，2011：6.

于宪法)、分配法和经济法、卫生法、警察法、统一劳动制度和政治法,在经济法部门中提出设计公社制度,创制有计划的经济。此外,他比《共产党宣言》更早地提出了"共产主义者"的概念[1],并且仍然强调国家的力量。"由此,人们将看到,在平等的共和国内,既不需要部长,也不需要财政部、贸易部等,只要在国家的最高一级设一位会计员和一份账册就足以妥善调动我们的全部政治经济,也可以说,就足以调动整个社会产业。"[2]德萨米信仰社会主义,但是并没有推崇无政府主义,他像前辈摩莱里一样,仍然坚信国家的意志,相信法律的力量。他对这种国家力量的坚信是出于现实的,是有针对性的,他指出:"我晓得,在公有制度下,用不着担心这种令人厌恶的混乱。但是,我仍然坚持认为,只要稍微放任竞争,那也是不审慎的。因而,无论什么事情都绝对不应该违背原则。"[3]这说明在德萨米时代,放任自由竞争带来的恶果已经被普遍地看到了,而且被人民大众深恶痛绝,反映在德萨米的思想里,那就是国家主义的意志取代自由竞争,这一切并不完全是乌托邦的空想,而是在系统地论述如何抵制放任自由竞争带来的恶劣影响。这是我们看到的18世纪自然法学派对经济法的最早的描述,其中包含的公有制、有计划的经济安排和物资分配、公社、劳动改进措施等在后来都被实践过,有的成功地成为当今社会的基本制度,有的成为过眼烟云。

二、李斯特与国家主义

在本书前文考察德国现代经济法的历史时,已经详细阐述了弗里德里希·李斯特的历史贡献。在这一部分,根据原著作再深入研究一层,挖掘发

---

1. (法)德萨米. 公有法典 [M]. 黄建华, 等, 译. 江苏:凤凰传媒出版集团, 译林出版社, 2011:97.
2. (法)德萨米. 公有法典 [M]. 黄建华, 等, 译. 江苏:凤凰传媒出版集团, 译林出版社, 2011:31.
3. (法)德萨米. 公有法典 [M]. 黄建华, 等, 译. 江苏:凤凰传媒出版集团, 译林出版社, 2011:25.

展经济的立法中国家主义思想的渊源。17世纪英国经过政治革命后，在议会强有力的推动下，开始了重商主义的经济发展模式。"以前，渔业与沿海贸易牢牢地控制在了荷兰人的手中。现在，在高关税和津贴制度的激励下，英国人致力于发展渔业贸易，通过《航海法》，不但可以确保英国海员得到海上运煤业务，而且还可以保证他们控制所有海上的运输贸易……在英国《航海法》通过后的二十八年间，英国的航运贸易比以前翻了一番。"[1] 这个1651年由克伦威尔主导通过的保护英国本土航海贸易垄断的法案，体现了英国对民族主义国家利益的深刻认识，是一种重商主义思想影响下的国家主义观。1815年英国又颁布了《谷物法》，维护本国土地贵族的利益。对于英国的这种发展思路，李斯特深知其道，他说道："我们从威尼斯、西班牙和葡萄牙的衰落，从法国在《南特敕令》废除以后的退化，从英国的历史——在这个国家，自由总是与工业、商业和国家财富的进步保持同步的——中得知，只有得到一个国家进步文明和自由制度的支持，其商业性限制政策才会发挥有利作用。"[2] 这就是英国得以崛起和强大的秘密。正是因为看到了英国的经验，所以李斯特有了自己独特的审视工业革命的眼光。

英国在财富的积累中逐渐强大，于是接受了魁奈和斯密的世界主义经济学，主张推行世界范围内的商业绝对自由的世界主义思想。在英国政府的支持下，这种思想在欧洲迅速传播开来，在德国和美国都有大量的人受过此种教育。李斯特指出："作为德国商业联盟的顾问，我处境艰难，举步维艰。所有受过科学教育的政府雇员，所有报纸编辑，所有政治经济学的学者，他们都受过世界主义学派的教育，他们都认为任何一种保护性税制在理论上都令人生厌。他们得到了英国利益以及那些在德国口岸和商业城市经营英国商品的商人的援助。众所周知，英国政府用'秘密服务金'这个手段有力地控制着国外舆论，只要有利于其商贸利益，英国都愿花血本，从不吝啬。由来

1.（德）李斯特.政治经济学的国民体系[M].邱伟立，译.北京：华夏出版社，2013：32.
2.（德）李斯特.政治经济学的国民体系[M].邱伟立，译.北京：华夏出版社，2013：86.

自汉堡和不来梅、莱比锡和法兰克福的新闻记者和知名学者组成的新闻大军出现在了该领域，他们谴责德国制造商的统一保护性税制为'不合理的愿望'，对其顾问恶语相加。"[1]李斯特发现，英国人是在自己的国家翅膀变硬后才开始拼命向其他国家兜售世界主义自由经济学的，而且被欺骗上当的国家很多。

李斯特举例道："在面对那个工业、财富和力量上占绝对优势，尤以其所施行的排外性关税制度而闻名的国家时，许多国家曾经尝试实行自由贸易制度，例如葡萄牙在1703年，法国在1786年，北美在1786年和1816年，俄国从1815年到1821年，以及德国持续几个世纪的做法。但事实向我们表明，这样牺牲了各个国家的繁荣，对整个人类世界并无益处，只能使占据制造业和商业优势的那个国家富裕。"[2]他发现这些国家都掉入了英国的欺骗陷阱，于是呼吁德国一定要抵制这种欺骗。他强调："如果任何一个国家不幸在工业、商业和航海业方面还落后于其他国家，那么，即使它已经拥有发展这些事业的精神与物质手段，但也必须首先加强自身的力量，才能适合与比他先进的国家进行自由竞争。总之，我发现了世界主义经济学与政治经济学两者之间存在的区别。"[3]李斯特并非反对斯密的世界主义经济学，只是认为德国和美国在落后于英国的情况下需要采取国家干预或保护的政策与法律，这样才能保证科学的发展。历史证明，李斯特的理论是正确的，虽然在他有生之年不能被完全理解或接受，但是德国和美国在资本主义经济勃兴之时，都看到了英国虚伪的一面与国家干预主义或国家主义的价值，并及时地将这种思想植入法律和政策中，因此在19世纪末20世纪初很快就赶超了英国。后来发展起来的日本也很清晰地看到了这一点，毅然地效仿德国模式，尊崇俾斯麦道路与李斯特思想，很快进入现代化国家之列。

---

1. （德）李斯特.政治经济学的国民体系[M].邱伟立，译.北京：华夏出版社，2013：12.
2. （德）李斯特.政治经济学的国民体系[M].邱伟立，译.北京：华夏出版社，2013：87.
3. （德）李斯特.政治经济学的国民体系[M].邱伟立，译.北京：华夏出版社，2013：11-12.

三、中国的马寅初与干预经济

国家主义或干预主义的思想不仅在西方国家盛行，也直接传播到了民国时的中国。本书第六章提出，中国经济法学产生于民国时期，现代经济法在民国时期就已经出现了，这个观点除了前述的论证外，在此处再深层次地挖掘一下论据。以研究中国人口论著名的经济学家马寅初先生（1882—1982），对中国早期的现代经济法颇有贡献。他早年留学美国，获哥伦比亚大学经济学博士学位。他认为，斯密的世界主义经济学理论难以解决中国的实际问题，李斯特的国家主义政治经济学主张更符合工业经济落后的中华民国。他认为，德国正是因为采纳了李斯特的对内推行自由贸易，对外实行保护政策的主张，才迅速强大起来，因此建议对经济采取干预主义立法。"马寅初是立法院经济法、商法委员会的负责人……主持和参与了多项重要经济立法，包括《商会法》《工商同业工会法》、工会法等工商社团立法，使原本凌乱的工商社团法规初步形成了具有内在联系的体系框架……1933年，马寅初还写了一篇专文《新〈商会法〉与〈工商同业工会法〉》，就两部法律的特点、意义等问题进行了详细探讨，以其经济学家兼立法委员的身份对这两部法律做出了具有权威性的诠释。"[1] 从这段资料中我们看到了一个非常重要的历史信息，立法院曾经设置经济法、商法委员会，这无可辩驳地说明，经济法概念和思想在民国时已经被使用，马寅初先生所认可的李斯特的国家主义思想直接影响着中国现代经济法的产生，在国家干预经济的意义上使用经济法概念对马寅初来讲并不陌生。

马寅初将国家主义经济学思想不断地引入中国早期的现代经济法中。"通过对比两部法律的原案与修正案，结合马寅初所做的诠释，可以发现《商会法》与《工商同业工会法》的立法思想中体现了明显的国家主义构思，否定了北京政府时期政府下放权力、以商会作为工商秩序主导的格局，试

---

1. 饶传平.近代法律人的世界[M].北京：社会科学文献出版社，2017：100-101.

图将权力收归政府，树立国家在工商界秩序中的主导地位与权威。"[1]我们可以从字里行间发现，当时国家已经受世界主义经济学的影响，政府逐渐减少了对经济的干预。这种影响在刚成立的新中国仍存在，人民政府为了让受战争创伤的企业尽快恢复生产，为企业提供政策与资金帮助，这让所有受援的企业家都深受震撼，因为此前很少有这么做的。马寅初努力将自己所学贡献给经济法的发展。"'粮食和食盐，不是一般商品，直接关系到国计民生，因此，这两种东西绝不能由私商来经营，必须要政府来统一管理、统一调节！'马寅初在立法院的一次会议上正式提出了议案。他说：'关于这一点，我已具体拟定了两个法：一个叫'新盐法'，一个叫'粮食法'……马寅初提出这个议案之后，很快就遭到了商人和国民党立法院绝大多数人的反对。结果，这一利国利民的主张，只好束之高阁。"[2]从中可以看到国家主义经济观与世界主义经济观在民国时代的争斗与冲突，也可以看到民商法与经济法在当时的拉锯。而且马寅初本人的经济学思想也经历了由自由主义到国家主义的过程。"在1930年代，马寅初被称为中国资本主义思想的代表。他关于经济制度的主张大致可分为三个阶段，在1920年代，提出资本神圣，倾向于英美式的自由资本主义，在1930年代，宣扬统制经济，倾向于国家资本主义，在1940年代，主张吸收德、苏、美各家之长形成混合经济制度，在混合经济中，反对官僚资本主义，倾向自由资本主义。"[3]他的思想转变也恰好反映了民国时期法律体系中出现经济法专门化立法的思想依据。

四、国家干预与社会法

在国家主义思想的影响下，除了产生现代经济法，还诞生了现代社会

---

1. 饶传平. 近代法律人的世界 [M]. 北京：社会科学文献出版社，2017：101.
2. 杨建业. 马寅初传 [M]. 北京：中国财政经济出版社，2016：41-42.
3. 孙大权. 马寅初在民国时期的主要经济思想 [J]. 浙江树人大学学报，2012，3.

法。就像经济法一样，社会法作为法律部门也存在争议，但是没有经济法所遭遇的那么激烈。俾斯麦执政时颁布了一些有关经济干预与管理的法律，也颁布了一些社会法专门化立法，而这些法律据考证是俾斯麦受社会主义者的直接影响而产生的。但社会法专门化立法最早也并不是自俾斯麦开始，而是出现在英国。"英国1600年前后的圈地运动使农民失去了生活保障，城市中无产者的失业、伤残、疾病和老年丧失劳动能力等现象普遍出现，社会十分混乱且引发高频率的社会动荡。为了强迫无业者就业和控制社会动荡局面，英国1601年颁布了《济贫法》，规定建立收容场所和组织穷人和儿童进行就业训练等。"[1]这是非常早的国家主义思想的体现，反映了英国在资本主义原始资本积累时期社会矛盾的尖锐，社会分化严重，积贫积弱，而财富过于集中在少数私人手中，国家权力层面已经意识到问题的严重性，所以立法缓和矛盾。这也可能受早期空想社会主义者的影响。1516年，英国空想社会主义者莫尔出版了《乌托邦》（全名《关于最完美的国家制度和乌托邦新岛的既有益又有趣的金书》）一书，提到了有组织的生活、劳动与公共医疗，开阔了当时英国人的眼界，影响很大。"1834年前后英国还颁布了《矿井法》《十小时工作法》《公共卫生法》，从强调保护童工和女工的基本权利，发展到规定最高工时、最低工资。"[2]但是英国此时并未将这些法律严格执行。1844年出版的恩格斯的《英国工人阶级的状况》一书揭示了当时童工与女工的悲惨遭遇，工伤事故频发，残疾后无助，工作环境与待遇非常差，老板对工人极尽剥削与压榨之能事。恩格斯父亲的工厂就是如此，于是他与他的父亲发生了激烈的冲突。

后来，在社会主义思想和国家主义观念的影响下，再加上德国俾斯麦时期颁布的《疾病保险法》《意外事故保障法》和《老年及残废保险法》的影响，英国在1891年颁布了《强制退休法》和《工业事故法》，1908年颁布

---

1. 汤黎虹.社会法基本理论[M].北京：法律出版社，2017：13..
2. 汤黎虹.社会法基本理论[M].北京：法律出版社，2017：14.

了《老年年金保险法》，1911年颁布了《失业保险与健康保险法》和《国民保险法令》，1918年颁布了《妇女儿童福利法》，1925年颁布了《寡妇孤儿及老年年金法》，1934年又单独颁布了《失业法》，[1]这说明社会法专门化立法的出现也和经济法相类似，是在放任的市场无法解决日益尖锐的社会冲突时，国家主义观念抬头，吸收社会主义思想中有用的想法，有针对性地颁布专门化立法，解决这些冲突。

现代经济法与社会法可谓同源同根，只是职能分工不同而已。社会法理论在现代起源方面也深刻地揭示了自由资本主义的致命缺陷。西方社会法治理论认为，"英美传统经验主义的消极自由主义'把自由看成是没有约束与限制'；后来，欧陆传统的理性主义的积极自由主义将自由理解为既有为所欲为的权利又有不损害他人的责任义务"[2]，这一点解释比经济法学理论中常见的论述更加深入，用来概括现代经济法的起源则更加精炼、准确，值得借鉴。在现代经济法中，绝对自由、理性自由与国家主义存在着交替出现、此消彼长的现象，在绝对自由受到法治的限制后，理性自由与国家主义、干预主义就你进我退，一直到现在。"其中社会福利、卫生、教育、娱乐、住房等市场替代和补偿政策，是对'旧的市场机制已被察觉到的弱点和危机倾向的反应'，是'国家'自觉地试图克服自由资本主义、无政府主义的追求利润所造成的使社会分裂的后果，力求使生产关系免除传统的劳资冲突。"[3]这一点深刻地论述了社会法的职能主要体现的领域，从历史来看也是如此，如扶贫、救济、社会保险与劳动保护等领域，现在又加上了环境保护等。这些领域的立法被列入社会法部门已成共识，但是以前也存在很大的争议。在中国学术界，劳动法、社会保障法、环境保护法在很长一段时间内被列入经济法，后来，随着学术思想的成熟，它们逐渐被纳入社会法。但也有学派认为，二者存在冲

---

1. 汤黎虹. 社会法基本理论 [M]. 北京：法律出版社，2017：14-15.
2. 汤黎虹. 社会法基本理论 [M]. 北京：法律出版社，2017：28.
3. 汤黎虹. 社会法基本理论 [M]. 北京：法律出版社，2017：29.

突。"日本学术界最早采用的对经济法的界定就出自孙田秀春的观点，即经济法是'社会化经济制度的全体'。这个观点恰好与将劳动法界定为'社会化劳动制度的全体'相对应。在这种意义上，如同劳动法制是由一个劳动法域形成而产生，经济的法制也无疑是由固有的经济法域的形成而产生。这意味着经济法不仅仅局限于生产组织的问题。假如分配问题、消费问题也受到社会化思想影响，那么就可以纳入总的经济法的范围。"[1]这实际上是将社会法与经济法混淆了，否定了经济法部门的独立性。这种混淆未能把经济法与社会法的各自职能区别开来，因统一的思想源而忽视了各自的法律功能。

五、干预主义与经济法

经济法专门化立法是西方在国家主义观念的指引下借鉴社会主义理论创制的，因此绝不能离开理论的支持。"西方法学界关于经济法有所谓广义概念与狭义概念之别。广义经济法概念，指调整社会经济生活的一切法律和法规，既包括各种行政性经济法规，也包括调整社会经济生活的基本法——民、商法。狭义经济法概念，单指国家运用行政权力干预社会经济生活的各种行政性经济法规。本文采取的是狭义经济法概念。依照马克思主义的观点看来，经济法无论作为一个整体，或仅指某一具体经济法规而言，都是国家借以实现既定经济政策的法律手段，或者说是经济政策的法律化。某一历史时期国家所制定和执行的经济政策，又总是以某一种经济理论作为依据。"[2]西方国家出现经济法的背景是政府的行为受议会立法的牵制，国家干预经济需要通过议会立法实现，政府与议会的关系很微妙，有时会互相配合，有时会严厉反对，有时需反复游说，有时首脑会强势控制议会，因此，过去形成的自由经济体制下的法律框架即便被突破，也必须采取新的法律方式，现代

---

1. 张世明. 经济法学理论演变原论 [M]. 北京：中国人民大学出版社，2019：139.
2. 梁慧星. 西方经济法与国家干预经济 [J]. 法学研究 .1984：1.

经济法系统立法应运而生。资产阶级在 18 世纪的崛起所创造的力量是惊人的，因此他们创造的私权神圣的法律结构当然也是神圣不可侵犯的，他们的哲学、经济学、法学都是无与伦比、无可挑剔的，据说拿破仑认为自己的民法典囊括了后世所有的法律问题，今后也不会有什么新的东西。19 世纪后半叶出现的垄断力量打破了自由竞争、利润最大化和私权神圣的资本主义世界的均衡状态，他们没有新的方案，又不愿意承认向社会主义者学习，因此只能将新思想，包括社会主义者的思想，纳入资本主义理论体系，经济法专门化立法就是在这种时代中被呼唤出来，他们认为这最起码还在资本主义范畴之内。资本主义者不会轻易认为，强大的自由思想支配下的法律体系会难以解决新出现的各种社会矛盾和纠纷，与伟大的自由经济体系相伴随的法律框架会受到致命的挑战。如此复杂的法律历史背景与政治经济背景，仅靠人们简单的勾勒与概述就想说明白，这的确很难，因此，需要深入学习资本主义崛起的历史，熟悉当年不可一世的绝对霸主——列强资本主义。虽然经济法在穿越历史的过程中发生了很多事情，经历了很多变化，但起点决定了它的性质！

这种社会演化痕迹是有规律可循的，不是杂乱无章的。自由哲学、分权政治、自由经济学和自由法律体系支配下的资本主义自由竞争带来的必然结果在马克思主义理论中已经被精确揭示，生产资料的私人所有制与社会化大生产之间的不可调和的矛盾已经揭示了自由资本主义社会必然腐朽与灭亡的命运，可怕的垄断经济集团已经严重地威胁着资产阶级的整体统治秩序，无序的竞争导致的经济危机不断周期性地爆发，过度强调私有制神圣的后果越来越可怕、越来越严重，人类历史上像资产阶级这样过度创制和坚持私有制的时代并不常见，极端的私有哲学已经使资本主义体系整体动摇，甚至开始坍塌。而社会主义的思想中却包含着公有制、经济计划、政府干预等重要的社会治理的思想，资产阶级内部也出现了反对绝对私有制和极端自由的思想，这必然对自由法律体系造成冲击。新出现的议会立法动摇着 19 世纪以来形成的影响深刻的法律体系和部门结构，在私有与公有、自由与干预、竞争与垄断之间不断出现有针对性的解决剧烈社会矛盾的法律,这些法律一部分演化为现代经济法,一部分演化为现代社会法,这一演化的社会轨迹就是解读经济法能够成为独立法律部门的根据。

国家干预与政府干预并不相同。过去在自由竞争思想影响下确立的法律原则只有经过国家新的立法才能修改,如过去属契约自由的范畴,现在国家将其中任意设定的权利改为法定,以前只有约定才产生责任的,现在权利法定后责任也法定了,而不再完全遵循契约自由原则。虽然是私法上的变化,但是性质却变了,由以前的自由放任到现在的国家立法干预。致使侵权法领域扩张的原因是国家意志介入、干预,而不是私人意志。私法也不是私人意志,而是国家意志,只是国家允许很大一部分私人意志代表国家意志,当国家在法律中取消这些代表时,私人意志就无法再上升为国家意志。政府干预只是国家干预的一部分,有了授权性立法后,政府作为法律执行机构依据法律规定干预经济,超越法律就是违法行为。非法治国家的特点就是政府在很多领域自己立法,自己执行,很多干预行为缺乏国家立法机构制定的法律,因此出现将国家干预经济与政府干预经济混淆的情况。司法干预经济也只是国家干预经济的一个组成部分。英美法系属判例法国家,因此司法干预经济可能经常有前瞻性、先导性。历史上破除自由放任原则的国家干预在英美等国最早就出现在司法判例中,成例已立,后来才有专门化、系统化立法产生。大陆法系一般立法在先,司法严格遵守立法裁判,因此,立法干预出现后,司法干预经济也就顺理成章。自由资本主义经济发展过程中,出现了很多危机、矛盾,靠市场自由竞争无法解决,必须用国家干预的方式来解决,因此,竞争法就是其中之一。资本家与工人的矛盾非常尖锐,因此,社会保险法就是国家干预的方式之一。这些法律后来成为一种常态化形式,长期存在,而且还被其他国家效仿,成为世界各国常见的法律形式。

第十一章　马克思主义的"幽灵"与法律社会化

本章摘要

　　1848年《共产党宣言》的出版，揭露了私有制和资本主义制度的罪恶，标志着社会主义理论经过了由空想到科学的转变。无政府主义的出现又导致资本主义逐渐走向崩溃，这是一种极端的思想，因此，马克思主义不仅批判普鲁东的无政府主义思想，还批判资产阶级的理性自由主义。

一、社会化的开端与资本主义的法律

　　在社会主义理论产生和发展的五百多年历史中，人类社会的面貌大为改观，五百多年的影响根基深厚，重新塑造了文明的形象。从莫尔1516年发表《乌托邦》，到1848年《共产党宣言》出版，社会主义理论走过了由空想到科学的转变。它们的共同点是揭穿了私有制和资本主义制度的罪恶，批判了它们对人性的泯灭和对人类尊严的践踏，拉开了社会化思想的序幕。马克思主义从历史和唯物主义辩证哲学、科学社会主义理论和马克思主义政治经济学的角度全方位地做了最为致命的分析与批判，指出资本主义生产资料私有制与社会化大生产是资本主义社会中一对不可调和的矛盾，只要机制尚存，剧烈冲突就不可避免。这就是马克思主义理论对社会化的直观描述。马克思指出，资产阶级曾经用来对付封建力量和宗教力量的工具（指无产阶级力量）现在开始对准自己了，他对私有制的崩溃与生产资料的公有制充满了信心。在《共产党宣言》中，马克思庄严地指出："一个幽灵，共产主义的幽灵，在欧洲游荡。为了对这个幽灵进行神圣的围剿，旧欧洲的一切势力，教皇和沙皇、梅特涅和基佐、法国的激进派和德国的警察，都联合起来了。有哪一个反对党不被它的当政的敌人骂为共产党呢？又有哪一个反对党不拿共产主义这个罪名去回敬更进步的反对党人和自己的反动敌人呢？从这一事实中可以得出两个结论：共产主义已经被欧洲的一切势力公认为一种势力；现在是共产党人向全世界公开说明自己的观点、自己的目的、自己的意图并且拿党自己的宣言来反驳关于共产主义幽灵的神话的时候了。"[1] 马克思用充满激情的文笔描绘出了共产主义的横空出世，用社会化的大棒敲响了私人资本主义制度的丧钟。社会化的思想不只是表现在大生产领域，它只是经济基础，它之上的上层建筑也不得不屈从于经济基础发生的变化，必须发生变化，否则就有可能被自己的基础所毁掉。生产关系必须与生产力相适应，这就是著名的唯物主义哲学的论断。

而在马克思主义的"幽灵"出现之时，资本主义国家正处在极端自由哲学的高峰时段，法律遵从的是私权神圣、契约自由的原始商品主义法则，社会到处充斥着无政府主义的资产阶级思潮。普鲁东——当时的思想领军人物，游历欧洲各国，传播自己的无政府主义思想，将理性主义支撑下的欧洲自由法律腌渍成为疯狂的、极端的自由主义，使得法治、所有权、契约自由等逐渐成为商品拜物教的奴隶，开始摧残、泯灭人性，在生产与交易中只能看到资本、商品与利润，而看不到活生生的人，尊严被资产阶级强行包装在厚厚的利润中，法律支持的自由开始严重地侵蚀人类社会的伦理底线，资本主义控制下的各国摇摇欲坠，表现出大厦将倾、分崩离析的可怕趋向。对私人财产的绝对保护、私人权利的绝对神圣和对私人自由的绝对支持成为那个时代法律的主题，为资产阶级殖民全球做辩护的无政府主义理论开始成为社

---

1. 马克思，恩格斯. 马克思恩格斯文集：第2卷[M]. 北京：人民出版社，2009：30.

会的流毒，也逐渐成为葬送资产阶级的利器。在这个上层建筑影响下的法律建筑已经极不符合社会化大生产这个经济基础了，法律必须顺应生产社会化的经济基础，必须被强制地社会化，这样才可能挽救垂死挣扎的资本主义。

二、马克思主义的批判与法律的社会化

对待无政府主义的领袖普鲁东，马克思、恩格斯进行了严厉的批判。普鲁东反对任何形式的政府与权威存在，也反对警察维护社会秩序，他认为这些都是阻碍人类社会发展的瓶颈，主张一切都用契约来代替，用平等的契约关系建立起人们之间的所有社会关系。这种思想明显带有唯心主义的色彩，用空想来代替人们之间客观存在的社会关系。无政府主义思想一度风靡社会，很多拥有改革思想的人都痴迷这种思想，其影响力不可小觑。普鲁东在《19世纪的革命总观念》一书中深入研究了权威的原理，指出了政府在经济组织中解体的必然性，极力鼓吹反权威主义思想，认为政府、司法、教会、金钱统统不要成为权威，一切都以契约为核心，整个社会建立在完全平等的空想契约关系上。这是一种将契约自由、政治自由极端化的设想，对于务实改造社会的人们来说过于抽象和空洞。普鲁东的无政府主义思想既反对理性资本主义宣扬的自由，也反对共产主义和空想社会主义思想，只想通过自己的改良主义的契约集团来改造社会。这就是理性资本主义自由变异为无政府主义绝对自由的历史痕迹，这段历史的细节应当受到重视，它见证了自由资本主义由兴盛到衰落的过程。

马克思、恩格斯很关注普鲁东主义对工人运动的影响，因为在1871年巴黎公社之前工人运动受普鲁东的影响很大，工人领袖经常邀请普鲁东为工人演讲，后来马克思、恩格斯分别在《哲学的贫困》《共产党宣言》和《论住宅问题》等著作中猛烈地批判了普鲁东的无政府主义思想。巴黎公社运动失败后，普鲁东的无政府主义思想对工人运动的影响逐渐丧失，但是对极端

自由主义者的影响仍在继续，一直到 20 世纪 30 年代。

  在俾斯麦时代，俾斯麦与社会主义者进行了密切的接触，从他们身上详细掌握了马克思主义理论。他还重视李斯特的历史主义学派，关注国家主义思想，并将这些思想的合理之处实际运用到社会改革和法律创制的行动中，创制了专门化的现代经济法和社会法，制定了专业分工细致的单行制定法，这些法律都属于法律的社会化。极端私有制在逐渐崩裂的过程中产生的社会化的法律，开始考虑人的安全、尊严与福利，开始重视国家的力量与集体主义的精神，私人化的本位哲学观念逐渐让位于社会化的本位观念，马克思主义的力量处于领先地位。马克思主义不仅批判普鲁东的无政府主义思想，还批判资产阶级的理性自由主义，包括费尔巴哈的人本主义思想。李斯特的历史学派也关注国家主义的重要性，因此国有化、合作社与经济同盟的社会化思想就在俾斯麦执政时代出现了，这些公有制的市场主体也逐渐被楔入私法的概念框架，用私法的颜料笔进行描画，然后不断推动着那个时代法律的社会化。对现代经济法与社会法产生的研究，一定要深入历史和哲学，因为法律的思想进化的速度是很缓慢的。资本主义力量强大起来之后，市场开始全球化，思想革命横扫一切旧的观念，从原始资本积累时期，到商业资本主义全球扩张时期，经历了从身份到契约的思想变革，这就需要静下心来认真分析那个时代影响法律社会化的重要任务、著作、事件和思想，这样才能更深刻地考证现代经济法产生的理论基础。这在以往的经济法基础理论研究中较为薄弱，今后应当弥补这个短板。

第十二章　计划经济的魔力与资本主义的拯救

本章摘要

在社会主义思想的启发下,德国走出了一条国家发展经济的道路,列宁吸取德国的经验并从中找到了苏联的经济道路,产生了战时共产主义政策以及"新经济改策",而后美国受到苏联的计划经济的影响,产生了罗斯福"新政"。由此可见,德国战时计划经济政策统治模式、苏联计划经济、美国罗斯福"新政",三者有着密切的联系。但是,纯粹的计划经济是不适用苏联战后国情的,这也导致了苏联的解体。

一、计划经济的理论与制度渊源

马克思在著作中提到了有计划安排经济的思想,因此共产主义理论中,甚至连空想社会主义理论中也提出了有计划安排生产和消费的思想,但是那些只是思想与理论,缺乏国家层面的实践经验,而德国在社会主义思想的启发下走出了一条国家发展经济的崭新道路,包括俾斯麦时代的"铁血"政策和第一次世界大战时的战时资本主义计划经济政策。列宁从德国的经验中找到了苏联的经济道路,包括战时共产主义政策以及其后的"新经济改策",后来斯大林又在此基础上走出了苏联的计划经济之路。只是后来苏联的经济政策无法与时俱进,导致经济政策无法与市场需求相匹配。社会主义理论和运动起源于欧洲，在历史上启发了资本主义的后起之秀德国和美国改进旧式自由竞争的体制，而社会主义理论和运动在发展中又借鉴了德国的战时计划经济模式，苏联的计划经济成功后又直接影响了美国的罗斯福新政，这就是历史反映出的意识形态在发展过程中的真实联系。

在苏联的经济法理论中，似乎受苏联计划经济的影响，才产生了现代经济法，而且是社会主义经济法，现代经济法好像与资本主义的经济与经济法完全无关，从表面上看就是苏联的公有制与计划经济，但是历史表明，事实并非如此。有计划的社会生产是马克思主义理论的一个观点，马克思在《共产党宣言》第二部分中就提出"按照总的计划增加国营工厂和生产工具，开垦荒地和改良土壤"的观点，但是当时并没有哪个国家去实践。"1906年，列宁第一次把关于'有计划的社会生产'的设想概括为'社会化的计划经济'这一概念，并与'市场经济'对立起来使用：'只要还存在着市场经济，只要还保持着货币权力和资本力量，世界上任何法律都无法消灭不平等和剥削。只有建立起大规模的社会化的计划经济，一切土地、工厂、工具都转归工人阶级所有，才可能消灭一切剥削。'"[1]此时列宁继承了马克思主义的论断，但仍然没有社会实践基础，经济社会化、计划化的观点仍然处于理论状态中。

而列宁却在研究中发现了来自德国的战时计划经济经验。德国从俾斯麦时代开始就走上了国家主义干预下的市场经济道路，与英国自由资本主义的模式截然不同，到第一次世界大战时，德国的经济几乎是在国家的主导下发展的。"1914年8月8日，德国成立了'战时工业委员会'和'战时原料管理处'……由于战争造成的普遍饥荒，德国先后建立起了战时粮食公司、中央饲料局、中央马铃薯局、战时动植物油脂管理局、中央水果蔬菜局、战时粮食局、帝国谷物局、帝国服装局等机构，这样就把人们基本的消费需求也纳入了政府计划管理的轨道，形成了比较完整的计划机构。对此列宁曾高度

---

1. 任晓伟. 苏联计划经济的历史原点 [J]. 当代世界社会主义问题，2007，3.

评价说，德国'无可争辩地可以说是最准确、最精密、最严格调节消费的模范国家'。"[1]德国在第一次世界大战中战败了，但是它创造的战时计划经济体制却是在国家层面上进行的第一个计划经济实践，这直接吸引了列宁。"如果对列宁的《帝国主义是资本主义发展的最高阶段》一文中的主要材料进行统计，可以看到，在该书最重要的前五部分中（生产集中和垄断，银行和银行的新作用，金融资本和金融寡头，资本输出，资本家同盟分割世界），列宁引用的反映德国经济和德国资产阶级学者观点的材料大约是 33 处，而同样的数字美国大约为 11 处，英国大约为 4 处，法国大约为 6 处。这同样说明，反映德国经济的材料在列宁帝国主义理论中是其他材料无法相比的……列宁第一次在马克思主义经济学说史上开始把关于计划经济的理论设想与社会主义经济的制度选择结合在一起。"[2]这一经济学研究的成果表明，苏联计划经济的实验样板正是列宁从德国选取的，从后来列宁推行的"战时共产主义政策"和"新经济政策"中都可以看到这种影响的影子。

　　计划经济体制的源头出现在德国，而且它采用了明确的经济法形式。"1915 年，德国通过了一个卡特尔化法律，进一步促进了战时德国主要工业经济垄断组织的发展，强化了政府对经济干预和管制的手段。1916 年德国颁布了《兴登堡纲领》，规定劳动力不能随意流动。"[3]这时的卡特尔法并非反对垄断与限制竞争，相反是为了促进垄断与限制竞争，1934 年德国法西斯颁布的强制卡特尔法就是在这个基础上的更进一步经济集中。这说明，早期现代经济法就有鼓励、促进经济集中的职能，也有反对和抵制经济集中的职能，具有很强的时代性需求和经济政策性特征。"德国的战时计划经济最初也是出于战时的临时需要，但是在这种需要中最终发展出国家控制经济的一种新模式。这一模式的核心在于确立起了政府对经济的支配作用，使经济

---

1. 任晓伟. 苏联计划经济的历史原点 [J]. 当代世界社会主义问题，2007，3.
2. 任晓伟. 苏联计划经济的历史原点 [J]. 当代世界社会主义问题，2007，3.
3. 任晓伟. 苏联计划经济的历史原点 [J]. 当代世界社会主义问题，2007，3.

服从于国家特定的政治意志。由此，德国战时计划经济最终结束了自由资本主义时期政治和经济分离的发展特征，成为国家管制下的资本主义模式的发源地"[1]，也就自然而然地成为现代经济法的发源地。从俾斯麦时代开始发端，到第一次世界大战时，现代经济法在德国逐渐成形并成熟起来。本书在前文论述了20世纪20年代对经济法概念与理论的研究在德国兴盛起来，经济历史的源头与背景就在于此。经济法学理论需要深刻论证这种历史基础，这样才能以理服人。经济法的逻辑建立在扎实的史料考证之上，可以理直气壮地立于"现代法林"之中。

二、计划经济与经济法的制度变迁

东西方两大阵营的冷战对抗长达近半个世纪，使得计划经济、社会主义理论与现代经济法这种密切的历史联系被彻底掩盖并撕裂，以至于经济法及其理论被忽视、被边缘化，人们认为那只是资本主义国家出现危机时的权宜之计，只是资本主义市场经济史上昙花一现的东西，不足为论，也很难理论化、部门化，殊不知，从摩莱里的法典到科学社会主义理论和实践，从德、美的国家干预主义经济政策和法律模式的出现到德国战时计划经济政策统治模式，到苏联计划经济，到美国罗斯福新政，都有着密切的联系和影响，人为的割裂是不妥当的，也是极不严谨的。经济法在古代社会中就有其明确的法律法规形式，很多著作都有所描述。现代社会出现的经济法专门化立法使其法律部门概念与法律立法形式逐渐统一，现代人创制的经济法专门化立法有其产生的时代需要，因此，在不同的历史阶段和不同的国家表现出不同的法律形态。但什么样的经济法形式才算真正的经济法，这个法律部门的内在结构应该如何体现，这些都应该是现代经济法学者认真研究的。过去有一些不合适的立法形式侵犯了市场自由竞争，那就应该纠正；过去有一些由政府

---

1. 任晓伟. 苏联计划经济的历史原点 [J]. 当代世界社会主义问题，2007，3.

直接颁布的法规代替了立法机构的做法，需要改正的应予以改正，否则政府的权力无法得到监督。古代社会立法、行政与司法没有专门设置的混合政权结构，在现代社会中不应继续混淆，应有明确的区分，这是法律在现代社会中高度专业化的需要，否则法律就跟不上时代了。

  推动自由资本主义时代法律变化的因素是其内在的社会矛盾，计划经济是当时部分资本主义国家采取的经济策略，但它却撼动了私法至上的绝对权威，并且以成熟的立法形式表达出来，这比俾斯麦时代的经济法更加发达，进一步促进了法律的社会化和国家主义观念。这一点在日本和意大利的发展中也表现得很鲜明。后来苏联于1928年开始的计划经济将国家主义法观念贯穿到所有的私法领域，基本取消了市场竞争，苏联经济法除了剩下一些私法的概念残骸，几乎变成了一部公共生产法和物资分配法。计划经济使德国的现代经济法臻于完善，使苏联的经济法几乎要取代民法。这是国家主义由干预到全面控制的思想的变化，因此也体现出现代经济法制度变迁的道路。这种变化规律在当代经济法的体系中仍然可以清晰地看到。

下篇

法律进化与经济法的神秘面纱

本篇主要阐述法律的进化及经济法的发展,通过对古今中外历史的梳理及概括,系统论述了经济法产生的必要性及发展脉络,再结合中国的改革发展状况,总结历史经验教训,并结合中国国情,对经济法部门的内涵及存在的必要性进行了论述,以进一步奠定经济法学的理论基础。

第十三章　进化中的经济社会与法律秩序的变革

本章摘要

本章主要通过描述古今中外的经济法来奠定经济法学的理论基础，其次利用法律进化论的理论来论证法律部门的状态，进一步说明经济法学的作用及现代产生的必要性。

一、古代社会的经济法

达尔文创立了进化论，用生存竞争与自然选择的观点来解释人类历史的演变。这个理论考证了生物的演化法则，对人类认识自己的渐变性意义非凡。既然是渐变，我们就要考虑历史文化传承的联系。法律也是如此。法律部门在古代的法律中是客观存在的现象，只是后人创造了清晰的法律部门概念，将分工细致的专业化立法明确归类，而在古代却是混合在一起。用国家主义或国家干预主义的标准来确定经济法的性质是一种常见的选择，即国家利用法律的手段对商品的生产、流通、分配与消费进行干预、管理、调节或控制，在古代社会就可以找到经济法，但不是现代经济法。

有学者提出中国古代并不存在经济法的观点，并指出论据为"经济法产生和形成为独立部门法最深刻的社会根源，在于生产高度社会化引起的经济调节机制和国家职能的变化，即国家经济调节机制和国家经济法职能的形成和发达",所以,"经济法只能产生于'19世纪与20世纪之交'"[1]。该观点混淆了作为客观现象的法律部门在古代与现代的形态区别。古代没有经济法概念,这并不代表国家用法律手段干预经济的现象不存在。就像古代也没有宪法概念,更没有现代代议制的宪政立法,但是不能说古代不存在国家、帝王与臣民之间关系调整的法律规范。人类文明是进化而来的,不是一蹴而就的,现代人类的智慧很多在古代都可以找到源头,包括经济法。

国家的性质传承是有历史基础的。从出现主权现象开始,到国家的形态初具,国家一直流传至今,但形态可能会发生各种变化。古代的国家与现代的国家都存在当局统治集团,有文官管理系统与暴力统治机器,古代的法律可能主要代表帝王将相,而现代的法律则更多地体现代议的民意。例如中国古代春秋时期的齐国就出现了国营制度,"自春秋战国时期齐国最早实行'官山海'(即盐铁官营)以后,历代王朝都将专卖制度作为一项国策,并经常扩大专卖的范围"[2]。官家代表的就是国家,只不过在中国古代,国家的概念很模糊,都叫"天下",但是这就是典型的国家干预经济的形式。不允许民间私营,采取国营的经济制度,保证了国家特定的财政目标,同时将竞争排除在这个领域之外,形成法定的垄断,这与德国在第一次世界大战期间的卡特尔法有异曲同工之妙。同样,中国的农业税据考证从夏朝就开征了,直到2005年才被停征,历经四千多年,难道这些连续的经济制度在国家管理或干预生产、销售、分配和消费领域有什么本质的区别吗?

在古代社会,国家通过法律对经济进行管理、干预或管制的情形随处可见。中国从先秦到唐代的"市舶司"机构就体现了中国古代的外贸管理机制,国家在法律中严格规定了政府的监管职责和对外贸易秩序的维护手段。唐代的"坊市"制度对生活区与商业区进行了严格的区分,并详细制定了市场交易集中制度,而不可以推个车随意叫卖。此外,设置了政府监管机构,

---

1. 晋龙涛. 对中国古代有无经济法的几点思考 [J]. 经济研究导刊,2014,32.
2. 艾永明. 传统中国经济法律的现代透视 [J]. 法律科学,1996,5.

对营业时间进行严格限制。西汉桑弘羊发展了范蠡和管子的平准思想，实施"平准法"，即通过国营商业收购物资以平抑市场商品价格的法律。王安石变法中推行的"均输法"与"市易法"也是为平抑物价，这种经济法制度体现的是当时的国家意志，表现为对市场交易行为的一种管理或干预，并以法律的形式作出明确的规定，体现为一种宏观调控措施。

在国外也是如此。"楔形文字法系国家在法律上一般对社会经济生活都采取积极干预的原则，规定了一些商品的限价、商品贸易的范围、劳动的报酬和借贷的利息率以及所连带产生的侵权责任。此外，对外族或异邦商人来本地经商和本国商人赴外邦经商，均有专门条款对其经营行为予以限制或保护。"[1]在古希腊梭伦执政期间，"颁布了一系列发展社会经济的条例，如关于水井公用、整顿灌溉系统、植物栽培的条例。为了保证城市居民粮食供应，禁止谷物输出，奖励经济作物橄榄油出口。颁布'土地最大限度法'、'高利贷限制法'、'土地经营法'、'遗产自由条例'、'禁止奢侈法'……为了加强交易的公平性，规定了度量衡统一制度。为了鼓励手工业的发展，为工艺师开辟了特别居住区，命工艺师向子弟、学徒传授技术。为吸收外邦手工匠人来雅典定居、传艺，可特批授予公民权"[2]。这些管理、干预或协调经济的立法体现了雅典当局的国家意志，直接介入经济生活。这些法律规范很难列入民商法和行政法范畴，而这样的实例在古代各国的法律中比比皆是，等待着经济法学者的深入挖掘、开拓。

二、法律进化论与现代经济法

法学理论中有专门研究法律进化论的，日本著名学者穗积陈重"秉承梅因和萨维尼的历史法学派观点"，他在"宏大的法学理论体系当中所要阐

---

1. 由嵘.外国法制史[M].北京：北京大学出版社，1992：23.
2. 由嵘.外国法制史[M].北京：北京大学出版社，1992：23.

述的主题是：以十九世纪的社会实证主义为其哲学基础，把作为一种社会现象的法律，置于变动发展的时间概念框架下予以观察，借助人类学、考古学、社会学、心理学、史学、语言学的方法，对世界上各民族、各时代千变万态、复杂无极的法律现象材料汇类、比较和分剖，揭示法律进化的普遍规律"[1]。利用法律进化论的理论可以解剖法律部门在不同时代、不同国家的纷繁状态，解剖经济法在各个时代的形态与功能，这是一个很好的研究思路。

现代经济法的产生在该理论中就可以得到解释。"与法律进化论相联系，穗积又提出了法律改良主义理论。他指出，全体国民，在遭到国家实行恶法虐政时，是抛弃祖国出走呢，还是力图对他进行改良？他认为应采取后一种立场，即要以百折不挠的精神，改良这种不法的'法制'，这是国民的义务。"[2]西方资本主义就经历了这样一场转折，当浸淫自由、民主精神的契约自由、私法自治法律逐渐成为恶法时，资本主义社会中涌现出改良的思想家，如汉密尔顿、李斯特等，也涌现出改良法律的政治家、法律家和经济学家，如俾斯麦、罗斯福、凯恩斯等，他们努力改良已经无法适应时代进步的法律，并且借助社会主义的思想，使得19世纪私法盛行的法律样态逐步进化为当今私法与公法紧密镶嵌的法律样态，现代经济法就是这种样态。

研究经济法的基础理论的角度在不断拓展，逻辑推理逐渐精彩，历史的印证也越来越有针对性，这就奠定了研究经济法的基础，抓住了问题的要害，对中国法律、法治现代化的建设充满了启示和指导。内涵深刻的经济法法理逐渐地得到提炼，它将会以更独特的角度解读法律近代化与现代化的区别，解读资本主义疯狂开拓生产力的旧模式存在的致命缺陷，解读资产阶级动用国家力量干预市场竞争的方式与后果，这就是经济法的奥秘。用望文生义、形而上学的方法论去研究经济法，必然导致生硬、割裂的后果，严重缺乏内聚力与法律精神，最后可能会出现中国民法学者所讲的重复造词的现

1.（日）穗积陈重.法律进化论[M].黄尊三，等，译.北京：中国政法大学出版社，2003：2.
2.（日）穗积陈重.法律进化论[M].黄尊三，等，译.北京：中国政法大学出版社，2003：3.

象，缺乏逻辑根基，缺少历史细节考证，导致无法自圆其说。

根据法律进化论的观点，否认经济法的人陷入了不可知论的绝望中。通过科学的研究与论证、考证，经济法的真相总有一天会大白于天下。财税法、金融法、产业政策法等在古代社会都能找到痕迹，唐代的市坊制实际上是一种市场交易制度，由官方制定规则，交易者必须遵从，交易地点和时间都依法规定。到了宋代，这种国家干预被打破，交易地点和时间都自由安排，夜市也出现并发展起来。"交子"最初出现时就是一种信用兑换凭证，完全由签发者商家自由发行，后来官方颁布法律，发行权由官家统一垄断，提高了信用层次，降低了金融风险。但后来，由于官家也滥发"交子"，没有硬性规则的约束，最后造成恶性通货膨胀，导致纸币制度崩溃。这些就是进化的证据。法律的进化也很像地层结构。过去在民商法或行政法中出现了许多经济法和社会法的条文，而且紧密夹杂在一起，如果一定要以此作为民商法或行政法与经济法没什么区别的证据，即认为其就是民商特别法或经济行政法，就抹杀了经济法的个性，说明缺乏判断法律规范性质的基本眼光和能力。

从工业革命开始，机器工业取代了手工业，社会的变化就越来越大了。由于技术革命的不断深入，人类社会被大范围、大规模地改头换面，个人和团体组织的影响范围也日益扩大，不断渗透到更多领域。由于技术革新层出不穷，金融制度不断创新，大型的垄断公司越来越多，它们开始操控市场竞争，破坏国家的政治、经济与法律制度，甚至操控国家的政治经济命脉。它们只代表私人的所有权利益，也只关心自己企业的成就，但它们的影响力与破坏力却是全国性的，甚至是全球性的。第二次世界大战就是证明。技术革命不断被资本主义商业化，成为现实的生产力，复杂的生产方式、工艺和流程使产品的构成也变得高深莫测，过度竞争导致的欺诈行为泛滥成灾，契约自由、营业自由与竞争自由导致了行为的无序性，超越传统道德和法律底线的情况大量涌现，如果不采取变革的措施，资本主义难以为继，不可一世的列强先锋们已经感受到了末日的来临。这就是那个私法发达的西方法律体系面对的社会背景，而在那个体系中是没有答案的。因此，在原来体系上进行大刀阔斧的革新已经箭在弦上。自由资产阶级的百年旷世梦被迫惊醒。这种影响范围大、程度深、后果严重，必须组织国家力量去干预，才能控制其危害，这就是经济法的社会背景。现代经济法系统性专门化立法是从规范竞争行为开始的，但是，只通过立法让法院更多地介入纠纷的解决方式并未能起到足够的控制作用，因为纠纷与矛盾越来越多，解决的难度也越来越大，事后救济的效果越来越差。授权或成立新的监管机构，在市场竞争中深度嵌入干预，成为国家干预经济不可或缺的手段，针对专门的机构与行业或领域进行立法也成为必不可少的选择。这就是社会结构的巨变所导致的政治、经济和法律结构的必然变化！

第十四章　市场监管与经济法"帝国主义"

本章摘要

本章首先阐述了市场失灵的出现及美国通过政府干预的方式监管市场，但是以失败告终，以该国的历史教训对经济法进行定性。其次，以经济法"入侵"的理论来描述经济法学与其他法学部门的区别与联系，着重论述了经济法与经济行政法的区别和联系。最后，通过对历史线索的整理来论述经济法部门存在的独立性和必要性，即经济法部门是历史的产物及不可忽略的一个重要部分。

一、市场的"失灵"与监管干预

由于古代社会的体量小，运输工具速度慢，各种产品产量低，整个社会管理起来较容易。资本主义自由竞争体现了对国家统治机器的管束，用法律的外形代表了分权对立与市场自由主义原则。而随着资本主义机械化大生产和技术革新的不断进步，整个社会体量越来越大，产品数量暴增，产品复杂程度日益增加，运输速度越来越快，人口大量出现，社会管理的难度与日俱增。资本主义自由竞争时代提出的国家统治思想已经无法适应社会现实，它要求国家之手伸得更长、更宽、更深。这一切无法直接体现在自由竞争时代的法律体系中，因此需要新的思想支持，新的法律专门化形式就逐渐创制出来了,即专门化的经济法与社会法立法。契约自由、所有权绝对体现的是手工业、农业、商业资本主义和机械工业资本主义初期时代的法律主题,体现了资本主义工商业者占据了上风后最迫切的法律愿望和在封建社会皇权统治下最难得的理想。然而,资本主义科技革命的迅猛发展,冲垮了一切刚刚建立起来的理性社会制度,曾经进步的资本主义理性法律体系,现在却无法帮助资本家再扩大他们的冒险乐园,相反,却开始成为阻碍社会和谐与均衡的藩篱。这时候就需要突破藩篱,以维护社会稳定。

在经济学中这种现象被描述为"市场失灵"。自19世纪以来,从英国开始,生产过剩周期性地频繁出现,金融开始操控市场,绑架实体经济,控制价格,造成社会生产力的极大倒退,浪费了大量的社会资源,出现了可怕的失业浪潮,而政府却束手无策。实际上,从1637年荷兰郁金香事件和1720年英国"南海泡沫"事件开始,自由资本主义的放纵贪婪就很明显了,只不过那时没人重视罢了,西方人普遍沉浸在自由主义的春秋大梦中。德国在统一过程中就意识到了自由竞争机制体制下私人资本主义的致命缺陷,因此坚决遵从李斯特的国家主义法观念,甚至师从社会主义理论,国家出面干预经济,扶持私人资本的发展、壮大,利用国家力量组织资本,构建资本联盟,建立了很多政府经济管理部门,直接组织和管理经济,使自由资本主义无政府竞争状态下的缺陷得到了弥补。

美国在对付国内大公司的垄断方面也掀开了政府干预的大幕,在20世纪初成立了公司管理局,紧紧盯着大垄断集团的一举一动。但是,美国一直以自由放任著称。"在1929年以前,当美国遇到经济萧条,自由放任几乎都被作为一条传统的政策加以采纳。自由放任的先例出现在1819年美国第一次大萧条中,当时联邦政府唯一做的是放宽联邦政府土地债务人的偿还期限。在1837年的恐慌中,范布伦总统也坚决地执行了自由放任的措施。"[1]

1.(美)罗斯巴德. 美国大萧条[M]. 谢华育,译. 上海:世纪出版集团、上海人民出版社,2009:182.

到19世纪末期，美国依靠早期的幼稚工业保护政策，其经济实力成为世界第一，此时它实行的是"门户开放"政策，大张旗鼓地宣扬的是普世的自由主义经济哲学，将自己曾经使用过的保护主义、干预主义的法宝悄悄地藏了起来。到了1929年，一切都不灵了。人们普遍认为当时在任的胡佛总统是放任主义的坚定支持者，但是有史书证实，美国的干预或监管新政是从胡佛开始的，历史开了一个天大的玩笑。"政府计划向萧条宣战，而胡佛则是这一革命性计划的创立者，他在这方面的作用被历史学家错误地忽略了。在很大程度上，富兰克林·D.罗斯福只是把他前任留下的政策更具体地加以实行。胡佛治愈萧条的尝试悲剧性地失败了，但如果将之作为自由放任政策的典范加以嘲讽，这显然误解了历史记录，胡佛的失败应该被看作是政府计划的一场失败，而不是自由市场的失败。"[1] 无论历史争议如何，美国的干预政策由富兰克林大规模推出，在银行、证券、公共事业、无线电、河流、自然资源、能源、电气、教育等方面纷纷建立起正式的监管制度，这在今天的美国社会已经成为常态。在当前世界各国的经济中，监管已经成为不可或缺的组成部分，因此，对经济监管方面法律性质的研究就显得很重要了，对经济法的定性更是如此。

二、经济法"帝国主义"的反思

罗伯特·考特和托马斯·尤伦所著的《法和经济学》一书中明确提出了"经济学帝国主义"的叫法，比喻西方经济学的分析方法已经侵入传统社会科学的各个学科。本书也借助这个称呼，将经济法"入侵"其他法律部门的现象称为"经济法帝国主义"，描述经济法规范在其他法律部门中频繁出现的情形。由于现代经济法的产生是基于私法自治、契约自由原则的失灵，因此国家干预首先就体现在国家通过立法授权政府对经济进行广泛的监管，以

1.（美）罗斯巴德.美国大萧条[M].谢华育，译.上海：世纪出版集团、上海人民出版社，2009：182.

纠正市场机制的失灵。在西奥多·罗斯福执政时期，为了实施《谢尔曼法》，建立了专门的公司管理局，监管大公司的垄断行为，使得传统商法中的公司法出现了公司监管制度。过去商法中的股票、债券自由交易的交易所机制靠行业自律，但是无数次的投机结果证明，仅仅靠自律已经无法维持正常的交易秩序了，尤其是1929年华尔街股市大崩盘，导致美国出台《1933年证券法》和《1934年证券交易法》，成为世界各国证券监管立法的典范，证券监管的经济法制度冲入了传统商法领域，使得商法的营业自由原则被法定的政府监管制度所取代。过去商法中的商业银行自由经营制度在1929年的股市崩溃中遭到毁灭性打击，1933年美国颁布了银行法（即1933年的《格拉斯-斯蒂格尔法》），将传统商业银行业务与投资银行业务分离，建立了严格的银行监管模式，同时依据该法对保险业也开始了监管。

除此之外，还在运输行业、无线电行业、电力行业、河流开发等都逐渐建立了政府监管制度，以往依靠自由民商法规范的很多行业纷纷建立了基于经济法原理的监管制度，并且至今也没有再回到自由放任的状态。建立在国家干预思想基础之上的政府监管制度不断地侵入很多其他部门的法律，法律部门之间产生了纷争，对这些监管性制度所呈现的法律规范的性质产生了很大的争议，与民商法、行政法、社会法都产生了"地盘争议"，经济法的立法中出现了刑事责任条款，与刑法出现了交叉。经济法的立法中出现了关于侵权的规定与责任，这就与民法产生了很大争议。环境监管的立法属于经济法还是属于社会法，这也成为法学的争议点。宪法中也有很多关于经济的法律规范，与经济法的关系也有待进一步厘清。对经济的监管不断增加，其他部门法律的"成分"更加复杂，传统的各个法律部门从古罗马时代就"公私分明"，到了19世纪初就更加界限清晰、系统完整，可是"经济法帝国主义"却把这一切搞得七零八落，各部法律的"部门属性纯度"被大大降低，争议也进入白热化。

法律的思想必须与时俱进，否则会使社会陷入困境或僵局。例如经济法中产品责任专门化立法的出现就是为了解决契约自由下产品致害问题的困境，这就是一种专门化立法的国家干预。虽然开始时是由契约自由转变为侵权立法，但是这已经体现了非常了不起的国家干预了，因为在那个时代，契约自由原则是难以逾越的鸿沟，这种专门化立法已经逐渐脱离了民法部门的原理，后来又逐渐从侵权发展到行政责任与刑事责任，成为独立的经济法。侵权理论的发展并不能取代经济法，在很多新出现的单行法中具有侵权的规定，并不代表这部单行法就属于侵权法行列，进而列入民法。这些单行法中还有很多刑法、行政法条款，也能列入民法吗？这种法中的很多行政管理条款和宏观计划规范更不是民法侵权思想所能涵盖的。这其中包含着利用公权力进行经济宏观管理、提供公信力平台、日常行政监管或纠纷发生后的司法监管、国家公权力救济等诸多经济法制度。

但并非所有的国家干预都要列入经济法，如现在的套路贷问题，民事法律已不足以保护受害人的权利，因此国家介入，将其上升到国家问题，开始用国家力量和刑事诉讼管控套路贷。执行难成为民事诉讼的大问题，严重影响了国家法律的尊严，因此限制消费和失信监管成为国家的一种干预制度，但是它仍属民事诉讼法范围。一定要考虑分类的历史与惯例，不要轻易打破，否则容易产生无休止的争议。

三、经济行政法的困惑

在被列为经济法范畴的经济监管制度不断渗透到很多法律部门时，经济法也遭遇了强烈的抵制。在对经济法的理论研究中，经济行政法学派的影响一直很大，从苏联的经济行政法学派，到中国的经济行政法学派，至今仍有众多追随者。该学派的本质是否定经济法作为一个独立法律部门的存在，古代不存在，现代也不存在。这就给经济法学界带来了巨大的困惑，使得经济法有被行政法吞并的危险。但其实不然。"在行政法学者看来，'经济行政法，是关于经济行政的组织及其作用的法规之总称'。他们以国家行政权为中心，研究分析反映国家职能在社会经济领域中不断扩张的立法现象，特别是调整经济关系的大量委任立法，阐述国家行政权力的作用。由于行政法学者着重于行政权力作用，因而忽视了经济行政法的经济性特征以及经济行政法与行政法其他部门的区别。"[1]这一概括与评价虽然历经三十多年，但是一针见血，经济法中的经济性是无法被行政行为和行政权力所取代的。例如税法中关于税种的范围和税率的规定，很显然是一种国家关于国民收入划分的收入分配法，主要体现的就是税收收入依照国家意志进行分配的经济性，因为这种分配直接影响纳税人的收入水平和消费、再投资能力，直接关系到社会的分配和消费结构。税种确定后如何征收，何时征收，由谁来征收，这些就涉及经济行政法的问题了。再如预算法中关于公共预算的范围的规定，这是直接涉及国民财富的分配问题，支出的方向会直接影响国民经济的相关行业与领域，如果将教育排在第一位，则教育行业在国民经济中就会获得更多投入，并繁荣昌盛起来，这是实实在在的经济性体现，在该规定中并未体现政府的行政性。

在现代国家职能划分明确的情况下，行政性在经济中更不是随处可见。在我国的《预算法》中有关于人民代表大会及其常务委员会的职权的规定，我们总不能将这种立法机关的预算权力也归纳到行政权中吧？对经济本身的设计、规划、调整与管理是一种国家整体层面上的统治意志，而行政只是反映其中的一个部分。在古代社会，虽然立法机构与行政机构不分，但是在法律中还是可以看到经济性与行政性的区分的，在现代社会就更是如此，立法机构与司法机构都会承担国家干预经济的职能，经济行政行为不可能代表所有的国家干预行为。因此，"经济行政法不同于经济法，经济法主要是调整经济管理关系和经营协调关系，主要是法人和自然人之间的经济利益平衡。经济法里的国家协调经济的权限主要是宏观的、原则性的，而经济行政法里

---

1. 中国经济法诸论编写组. 中国经济法诸论[M]. 北京：法律出版社，1987：129.

具有赋予国家行政机构非常具体的干预职责"[1]。说到具体的干预职责，就要考虑行政机关的法律职能，涉及经济的行政法调整方法主要有授权、命令、禁止、许可、免除、确认、计划、撤销、指示、协调等，[2]这些具体的经济行政行为属于行政法律规范肯定是没有问题的。但是在经济法的制定法中，从1890年的《谢尔曼法》开始，除经济法律规范外，还可能有民事法律规范、行政法律规范以及刑事法律规范，这就是现代经济法的突出特征。依照这个特征去考察古代经济法，虽然是"诸法合体"，但还是可以识别出经济法规范与行政法规范的。

针对经济法与经济行政法的关系，有所谓"包含型"关系说，该观点的典型代表应该是德国法学家罗尔夫·施托贝尔，他在《经济宪法与经济行政法》一书中认为："经济法分为经济私法、经济行政法与经济制裁法三个部分，它们具有不同的目标，完成不同的任务，具有不同的功能。与此相适应，它们属于不同的法律领域，规定不同的法律后果。"[3]这个观点清晰地表达了二者的基本关系，因为在契约自由时代形成的私法至上法律模式中，政府的经济职能薄弱，纠纷主要靠司法裁决，立法和行政机构发挥的作用较小。而在国家干预经济的模式中，各种法律手段综合运用才能解决各类复杂的社会问题，立法机构不断设立各种专业化程度越来越高的法律，行政机构的监管职能不断增加，再加上司法机构的裁决，甚至可能会有社会化的其他手段。

现代经济法的创制与古代经济法有一个很大的区别，那就是三权分立的政治结构。在这种政治结构下，立法的职能被委任给专职的立法机关——议会，司法权交给了专职的审判机关——法院。由于要严格遵守宪政法律原则，因此，需要从法律上扩张行政机关的监管职能时，就要通过议会颁布法

---

1. 陈新开. 经济行政法：国家依法干预经济活动的法理研究 [J]. 经济论坛，2014，12.
2. 中国经济法诸论编写组. 中国经济法诸论 [M]. 北京：法律出版社，1987：144-147.
3. （德）施托贝尔. 经济宪法与经济行政法 [M]. 谢立斌，译. 北京：商务印书馆，2008：3.

律。但议会有时候并不会屈从于政府首脑,议会与政府首脑会发生剧烈冲突,因此,当特殊情况出现时,政府首脑就要采取特殊措施。"由于当代复杂社会的需要,行政法需要拥有立法职能和司法职能的行政机关。为了有效地管理经济,三权分立的传统必须放弃。有个国会议员在1906年的一次关于扩大州际商业委员会的权力的辩论中,反驳对州际商业委员会集立法与司法职能于该委员会内的攻击时说:'这是我们可以对付十分精干的铁路管理人及其代理人的唯一方法。'这是通常为集合职能辩护的理由。集合职能是制定和执行规章的机关出于对付集中的经济权力的需要。这样的结果是行政机关典型的集立法权与司法权于一身。它们有权制定具有法律效力的规章,这是立法性权力,有权裁判案件,这是司法性权力。"[1]在三权分立的原则下,经济法与行政法很容易区分,但是,随着政府立法与司法职能的扩张,这种界限出现了模糊。这种情况导致"经济行政法"大量出现,行政法部门迅速扩张到了现代经济法部门领域。

但是,这种现象只能说明两个部门存在交叉,而无法证明经济行政法就是经济法的本质。这一点就是行政法专家也承认。"本世纪设立了一些政府机关以管理某些公用事业。这些事业过去是由私人企业单独经营的。一个典型的例子就是田纳西流域管理局。这类政府机关影响到私人团体,但主要是经济影响,而不是法律影响。它们主要受用于管理经营同类事业的私人公司的法律的相同原则原理,而不是受行政法的原则原理"[2],而"管理经营同类事业的私人公司的法律"常见的就是行业管理法或者是监管法之类的经济法,与行政法区别很大,其复杂的制度组成体系绝不是仅包括行政法制度,有时包含民商法制度、刑法制度、社会法制度等,有时还会有综合性处理方法,主要目标就是解决这一经济领域出现的系统管理、监管与协调的问题,这就是现代经济法的内容了。

---

1. (美)施瓦茨. 行政法 [M]. 徐炳,译. 北京:群众出版社,1986;6.
2. (美)施瓦茨. 行政法 [M]. 徐炳,译. 北京:群众出版社,1986;4.

四、经济法理论研究的线索梳理

很多人对历史的认识肤浅，不熟悉历史的细节，很多发展过程只靠想象，因此无法知晓事物发展的规律。历史就是历史，不能靠猜测和想象，只能靠史料与证据去证明。人类古代历史漫长，社会发展各有千秋。要想熟悉历史上法律的发展阶段，就必须熟悉社会经历的发展阶段。古代有罗马法与各国统一法典，在文艺复兴的背景下，商事惯例和习惯不断法律化，出现了罗马法复兴，产生了大学，科学主义开始兴起，习俗和古代立法、教会法也创造了很多立法、司法技术与法律文化，商人主义、基督教主义和罗马法思想影响着西方世界。英国工业革命带来了农业社会的崩裂，工业主义开始影响人类，工商业经济文化开始取代封建贵族文化，工业社会的标准化、统一化以及民族国家的正式形成呼唤着法国的民法典、商法典和刑法典。以美国为首的电气工业革命再次掀起了历史浪潮，自私、冷漠的资本主义已经严重损害了全社会的公平正义，再加上殖民主义、帝国主义，使人类社会的秩序陷入空前的灾难之中。维护社会安全的立法和司法手段与思想不断出现，政府干预与监管市场行为上升为法律的现象成为常态，侵权法成为取代契约法的重要工具，并且与公法站在了同一个平台上（而不像18、19世纪是站在私权利保护的立场上），被写进了经济法和社会法，19世纪初的法律框架被猛烈突破，变成20世纪的大框架。

随着冷战时期的意识形态思维的弱化，全球主义兴起，20世纪末兴起了第三次工业革命，以互联网为技术支撑的信息工业革命向人类刚刚生成的新法律框架提出了挑战，公共危险、全球金融平台风险、贫富差距、信用缺失与欺诈横行和快速的互联网＋社会的发展，使得现行的法律难以追上新产生的纠纷。通识主义和专业主义对现代大学提出了巨大的挑战，法律的进步需要科学主义统领下的大学进一步加强对此类人才的培训。无论英美法系、大陆法系还是新中国大陆法都遇到了这种立法、行政与司法框架的挑战，而这就需要从历史着手去学习、研究，找到历史发展脉络中的痕迹与规律，从而揭示这一规律，更好地推进中国大陆法的进一步发展。

首先要研究的应该是类型化立法的演变。过去各国立法呈现综合性立法，法典的内容属于综合性的。伴随着资产阶级革命，有时是在第一次工业革命之后，出现了政治近代化的类型化立法。公法中的宪法、行政法、刑法，在19世纪初出现了经济近代化的类型化立法，私法中的民法、商法，这些立法表现出中央集权的地位、行为规范规模化、专业化集结的特征。比如我们常说的按照调整对象和社会关系的性质区分来立法，用保护手段的统一性思想来集结刑法典，这是古代社会和分散的中世纪欧洲无法做到的，这可以被称作类型化立法的第一次革命。我们需要考察当时的政治制度和法律制度的演变，考察当时的思想史，政治的、经济的、文化的、哲学的、法学的等方面的思想史。要总结这种类型化立法的特征，解释这种类型化立法所包含的深刻的历史和哲学意义，从人类文明的演化角度进行定位，用丰富的学术资料作为研究的基础，使研究建立在考证的基础之上。

第二次工业革命之后，伴随着政治、经济、社会问题的复杂化，18世纪以来的类型化立法无法有效化解社会矛盾，因此出现了类型化立法的新发展，第一次类型化立法的粗糙性、单一性、形式主义化等缺点暴露，而新的技术革命、经济组织和工具，以及新的社会思想强烈要求立法能够面对新型的、复杂的政治、经济和社会等问题，组织国家力量发展资本主义。消费者利益受到广泛的侵害、中小企业在竞争中处于悲惨的境地、食品掺假、欺诈、劳工处于困境中，贪婪的资本主义金融和生产不断地冲击着社会的正常秩序，19世纪确立的契约自由法律原则成为以上一切危害社会行为的法律自由，习惯于依赖资本家集团的资本主义政府面对这一切险境束手无策。这一切引起了社会的广泛关注，促进了有识之士的觉醒。政府的有良心的管理者，法院的有良知的、充满了公平正义感的法官们，优秀的思想家们，有正义感的社会各界贤达们，在各自的领域中做出了相应的回应，针对具体社会现实问题的类型化立法的制度逐渐出现了。这一次的类型化具有极强的针对性，例如反垄断法针对垄断和中小企业自由竞争保护等问题，劳动法针对劳工工伤、失业、医疗、养老、生育等问题，反不正当竞争法针对竞争问题，产品责任法针对产品产业化、机器化带来的公共危害问题，消费者保护法针对消费者利益受损的问题，还有一些立法针对的是过度自由的市场机制失灵后的政府弥补、支持与监管的问题，私人资本主义竞争的无序化、盲目化带来的社会混乱的有计划调整的问题。这一系列的立法制度的演进突飞猛进，很快突破了18、19世纪刚刚形成的第一次类型化立法框架的范围，出现了针对具体社会矛盾、具体社会弱势群体、具体市场缺陷的类型化立法。这一次类型化立法更加深入、细致，更具有现实性与应对性，因此而产生的法律也无法用第一次类型化立法中形成的法律来诠释。这一系列的立法是带有新思想的制度创新，是在第二次工业革命和股份公司制度以及各国政治现代化的过程中产生的。

具体表现：

（1）契约自由限制贸易自由，将契约责任逐渐引入侵权责任领域和公法领域。

（2）复杂的机器工业产生的产品缺陷致使契约自由完全形式化，将契约责任逐渐引入侵权责任领域和公法领域。

（3）雇佣契约自由开始威胁和损害劳工的正常生存，将社会法制度（工会）和公法责任引入劳动关系，使劳动法逐渐呈现公法化。

（4）契约自由开始限制消费者自由并危害消费者利益，将契约责任逐渐引入侵权责任领域和公法领域，并引入社会化法律制度（消费者协会）。

（5）在很多行业，如运输、航空、证券、银行、无线电等行业，出现了政府的监管制度，并以立法形式出现，这些立法呈现出政府监管的特征，与第一次类型化的商法等出现了交叉，对放任的自由竞争的破坏性进行控制，但又要避免出现行政垄断与官僚主义的低效率。需要研究这种法的权利（权力)、义务和职责结构，研究法律责任的设置。这就呈现出大量的以行业管理和监管为内容的类型化立法，而且包含民商事的、行政的、刑事的以及社会的综合性法律规范，例如电业法、森林法、草原法、煤炭法、矿产资源法、土地管理法等，与第一次类型化立法的框架发生交叉，但经济法规范性质很明确，体现了国家、政府的干预与管理。需要分门别类地研究这些行业法的发展、演变过程。

（6）政府开始尝试使用巨型经济工具统一管理经济，包括统一计算经济总量、统一进行结构调整，计划经济的手段被列入法律，货币、财政等经济工具被列入专门立法项目，有目标地对经济体系进行影响与调节。税法逐渐呈现现代化，既满足财政收入又对经济进行结构性影响与鞭策，与第一次类型化的行政法出现交织。这种立法呈现出计划性与宏观调控性，但又要防止国家与政府过度使用这些宏观工具，对有效的竞争产生阻碍，因此需要研究法律中对使用这些工具调控的法定条件、职责与法律责任、追究程序等。对于会计法、审计法、统计法、商业银行法、中央银行法、预算法、国债法等，也需要分门别类地研究这些行业或工具法的发展、演变过程。既有过去已有立法的形式与创新，也有因时代进步而产生的新法律形式与制度，这在一定程度上取决于统治者政治统治的实际需求。

（7）以上这些法律有的以法典形式呈现，突出对某类社会弱势群体的特殊立法保护或对某类特殊社会问题的专门保护，采用综合性的法律规范，民事的、行政的、刑事的、社会法的、加重性的责任日益增加；有的出现在以前的法律框架中，只是增加了政府监管性的或宏观调控性的、计划性的法律条款，但需要研究把控政府干预与自由竞争的关系，否则会破坏市场竞争机制的良好功能。

因此，经济法常见的表现形式可以概括为：第一，针对很多尖锐、突出的社会矛盾单独进行专门化立法，法的形式综合性很强，很多民事的、行政的、刑事的、社会的、计划的、宏观调控的或管理的法律规范或制度出现其中；第二，在以往的商法领域或新的经济法领域内的立法中设置专业的监管机构，设立专门的监管程序和方法。这些新出现的法律被称为经济法，那些在旧有的法律中出现的法律规范被称为经济法制度。

（8）以上这些社会法律制度产生的思想根源与空想社会主义者、共产主义者的思想有很大的关系。

（9）政府与市场机制的关系自古有之，如何处理这一关系，不同国家、不同时期各有不同。可以从历史的角度纵向放眼研究，更深刻地揭示人类文明的发展成就。

（10）经济法和社会法的主题思想目前已经被明确，只是缺乏证据，这就需要深入研究。一个时代依靠当时的一种思想是可以理解的，但是时代变了，思想就要跟着变化，否则就会僵化。古典竞争理论向现代竞争理论转变的过程能够证明法律转型的痕迹，在一定历史时期产生的思想必然会时过境迁，新的思想也必然要产生。法律的很多实质性内容在古代就已有之，只是原始、简单一些，无法与现代相比，近代社会采用的第一次类型化立法就是对古代立法形式和内容的一次革命，是实实在在的进步。"必须明确中国古代法律体系是由若干部门法，如刑法、民法、行政法、诉讼法等所构成的，是诸法并存的，也是民刑有分的。至于一部法典所采取的体例，或者是混合编纂，即所谓'诸法合体，民刑不分'，或者是单独编纂，那是立法技术问题，是特定时代立法者的选择，当然这种选择也受到法律调整的需要和时代的制约。"[1]这段文字分量很重，非常适合解释法典与法律部门的关系，即法律条文所呈现出的法律性质是客观存在的，只是人们在思想上是否认识到了这种分类，在立法上是否采取了分门别类的立法体例。

（11）经济法所指的法律规范在古代就产生了，即国家干预经济的法律现象，但是当时并没有部门法思想和经济法思想，这一点一定要在学术上搞清楚。

---

1. 张晋藩. 法史人生 [M]. 北京：法律出版社，2015：151.

同时，研究经济法的产生还要搞清楚当时的行政法的情况，研究经济法的发展还要说明行政法是如何发展的。法典的思想与立法、部门法的思想与立法有所不同，应区别开来进行分析研究。古代的法律强调义务为主，公、私法规定混合在统一的法典中。近代法律强调权利至上，用直观的分类概念创制了类型化法典，公法与私法分类立法，公法以义务为主，私法以权利为主，将权利的边界与内容细化，大大发展了罗马司法的知识体系。现代化过程中，权利受到毁灭性竞争的威胁，私法体系和哲学面临被淘汰的命运。为了维护权利至上的地位，人们创制了新的法律，有针对性地设定了大量的义务，但不是为政府、君王或王权而设，而是针对权利保护而设，其中就有经济法和社会法。开始是司法权介入自由放任的交易法律制度，后来又出现了有针对性的专门立法，而且一些立法专门授权政府或成立专业执法机构去监管自由交易行为。经济法的演化过程应当被清晰地描述出来，用历史的史料作为依据，去考证它的过程，一旦考证清晰了，法的现代化原理也就被揭示出来了。

第十五章　部门法的逻辑与经济法现代化

本章摘要

首先,本章通过对历史的系统梳理来叙述部门法划分思想的历史渊源以及划分法律部门的价值和意义;其次,通过对全球经济的阐述来解释经济法的概念;最后,通过研究分析框架来填充经济法学的理论基础。

一、部门法划分思想的历史探源与价值

本书第一章探讨了部门法划分的基础原理与运用,但总感觉不够深入,需要再进一步挖掘。古罗马的商品贸易与法律思想、古希腊的辩证法哲学、西方的大学,成就了部门法思想的清晰形成。"在11世纪晚期、12世纪和13世纪早期,出现了一种教会法体系……将它分解为社团法、刑法、婚姻法、继承法、财产法、契约法以及诉讼程序……他们撰写有关诉讼程序的论著,但通常并不对实体法的具体部门法律制度进行分析;分析文体只是在数世纪以后才成为时尚。但是部门法律制度在那时确实被加以分析过。"[1] 1140年波伦亚的僧侣格拉提安的著作《歧异教规之协调》"是西方历史或许也是人类历史上的第一部全面的和系统的法律论著——如果'全面的'意味着试图实质性地包括一个特定政治体中的全部法律,如果'系统的'意味着

---

1. (美)伯尔曼.法律与革命[M].北京:中国大百科全书出版社,1993:307.

明显的努力将法律作为一个单一的整体,其中所有的部分都被视作构成整体而呈互动关系的话"[1]。这说明,划分法律部门的思想的确很早就出现了,虽然在划分部门的具体内容上有不同,划分思路却产生了。"它表明了经院派法学家的法律技术与近代法律技术之间的相似性。"[2]

这种划分是教会法学的一种方法创造,它结合了罗马人实用的法律知识与希腊人严谨的辩证法哲学,最终在最早的一批大学中产生,例如波伦纳大学、巴黎大学等。"法律学问则为创造近代的教会法体系所必不可少;假如没有教科书和有关课程,那是不可想象的。因为获得一种明确表达的理论是近代教会法体系的有关内容的一个必要的组成部分,而一种学术性的职业训练则为它的实践所必需。所以,在11世纪晚期和12世纪发展起来的世俗法概念,是一种有关各种正在出现的法律体系的概念。每一种法律体系在范围上都限定于特定种类的现世事务,它产生于习惯,虽不完美无缺,却为神所指导,并按照理性和良心获得纠正。"[3]这些学问到了近代被广泛地应用于法律规范的编纂,逐渐地将法典或制定法的概念与部门法对应起来,让今天的人们看到了分工专业并细致的法律分类形式。

这种划分标准被创造出来后,古代的法典也就可以被专业化地解读了。例如,"诸法合体,民刑不分"与"诸法合体,民刑有分","诸法"二字实际上就包含着各个法律部门的意思,否则就不应叫"诸法"。这两句话的含义实际上并不矛盾。前一句讲的是法律编纂方式,即不同部门性质的法律规范统一编纂在一部法典中,这在古代的法律编纂方式中极为常见和普遍。后一句讲的是各个法律部门的法律规范被编纂在一部法典中,但是,根据法律规范的性质,还是可以区分出哪些是民事法的,哪些是刑事法的,哪些是行政法的,哪些是经济法的。这两句话并不是两个相反的观点,恰好是同一个

---

1. (美)伯尔曼.法律与革命[M].贺卫方,等,译.北京:中国大百科全书出版社,1993:172.
2. (美)伯尔曼.法律与革命[M].贺卫方,等,译.北京:中国大百科全书出版社,1993:178.
3. (美)伯尔曼.法律与革命[M].贺卫方,等,译.北京:中国大百科全书出版社,1993:333.

问题的两个角度。

古代诸法可以合在一部法典中，为什么现代的民法典、公司法、保险法、银行法、货币法等法律中不能有体现国家主义思想，甚至是经济法、社会法的法律规范？完全可以有。一部法典或单行法律中完全可以有其他部门法的规范，这在古代是常见的，即使今天法律分类很细了，也可以出现混合。经济法专门法律法规的出现很多就是为了解决特定问题的，因此，从特定问题的角度立法，将很多部门的法律规范综合在一起，目的是以多种法律手段共同解决一类问题，本质就是国家力量按照法治原则进入法律框架，以解决原有法律部门难以解决的新问题。因此，基本原则敲定了，更多的研究者就可以在广阔的法律条文世界中努力探索个案分析。

这就需要关注法律部门分类的意义。很多学法律的专业人员往往只注重法的形式与外貌，而不去深入了解法的本质与内在内容。人们往往只看到法的名称与条文，但实际上法是政治统治的一个体现、一个侧面、一个组成部分、一种形式，本质是政治统治的内涵。因此，法的形式的创新很重要，它反映了政治统治形式的进步，但不一定是反映政治统治本身丰富的具体表现。因此，研究一部法律法规时，一定要了解制定这部法律的社会历史背景，了解当时的统治格局、当权者，了解制定法律的主要原因、法律制定后的实施效果。这样，就可以揭开法律外形的神秘面纱，理解其出现并发展的规律。法律部门的分类也是如此。

分类的目的是为了更好地从某一个角度深刻认识问题，因此，很多分类具有相应的标准、角度，标准、角度不同，分类就有可能不同。如果将一类划分绝对化，不再接受其他标准的划分，就会陷入形而上学。分类后各类别的区别也是相对的，不可能因为主观的划分而出现绝对的不同，交叉与重合现象也会出现，因为现实是极其复杂的，概念与原理永远无法将现实情况解释穷尽，只能是尽力而为，尽需而为。经济法与其他部门法的交叉不是什么不可解释论或矛盾论，因为人的目标是实用的。

很多社会经济问题是私人力量根本无法解决的，也是司法力量无法解决的，只能通过国家力量综合解决，尤其是授权政府通过强制力来处理。这就需要经济法来规范此类问题，如授权的范围、力度、期间，政府的职权与职责，恢复了正常的市场竞争秩序后如何收回对政府的授权，超越权限后的法律责任与追责机制，这就是经济法的体现。当然，经济法在古代和现代还是有异同的。在西方资本主义国家建立三权分立的政治制度前，政府权力部门立法是常态，自己立法，自己实施，自己组织、管理或干预经济的情况也常见，出了问题自己监督、自己解决，这在古代不是什么稀罕事物。与三权分立的现代法治社会截然不同的是，古代的经济法规定得更多的是如何管理或干预经济。现代的经济法虽然也规定组织、管理或干预经济，但更要规定如何监督政府过度干预或管理，保证干预的适度性，防止破坏市场竞争机制。古代经济法与现代经济法在管控或干预经济上有历史传承与相似的一面，但在形式与法律目标、效果上有很大的差距。在古代，过度干预或管理经济后难以有及时的法律制度予以调整，经常会造成对经济的严重破坏，例如，税负过重的情况就是因为政府经常随意增加税收，干预经济，导致社会秩序崩溃，这说明严重缺乏监督与纠错机制，包括程序化的追责机制。

当时后进的资本主义德国和美国都发现，按照英国的自由竞争模式是难以快速发展起来的，因此它们采取了特殊手段，如普鲁士用"铁血政策"实质取代了议会职能，美国用幼稚工业保护政策取代了形式上的自由竞争。但是资本主义国家需要法治的严格形式，需要议会的形式支持，因此就从社会主义的理论中找到了样板，创制出了经济法专门化立法。日本经仔细考察后，也发现了这个秘密，因此也选取了这条道路。专门化的经济法立法最早是资本主义国家强化政府集权干预或管制经济的法治需求，是资本主义自由竞争法律框架不灵时的法律创新，它帮助后进资本主义国家迎头赶上现代化，并帮助其中的一些国家迅速进入军国主义，组织并发动战争。

社会主义国家苏联在俄国十月革命中落地，它落后、贫穷，为了尽快实现工业化与经济现代化，推行了更有利于社会主义的公有制计划经济模式，有的经立法机关确认，有的直接由政府立法，但效果是明显的。强大的政权在短时间内组织了大量的人力、物力、财力，建立了现代工业生产能力，并使经济结构逐渐完善。社会主义国家没有议会掣肘，没有三权分立，因此这种模式运用得更加彻底，更加深入。但是，无论资本主义国家还是社会主义国家，都应当重视市场和法治的作用，这是社会经济发展的客观规律。特定历史条件下的集权经济，在实现了特定目标后就应限权或放权，恢复市场竞争职能，这样才能持续发展，否则就会因集权而变为越权，最后成为特权、霸权，完全破坏了商品经济规律。因此，经济法学就要研究过去的经济法缺陷在哪里，现代的经济法应如何授权，如何限权，让经济法现出法的本来面目，而不总是体现为政府经济纲领或政策，或者是政府强权的议会形式或立法形式。既然是法，就应该有法的基本性质。

市场竞争不是靠政府监管就公平了，还要靠市场主体的力量。如果公权力部门的权力随意滥用，控制的经济资源和准入资源又很多，那么市场主体就缺少竞争动力和环境。

古代法律与近现代法律不光形式上区别很大，本质上也差异巨大。虽然古代诸法合体，从法律规范的性质上可以判断出其属于现代概念法律部门中的哪一个，从这个意义上讲，法律部门在古代社会中已经存在是客观的。但是，近现代法律体系的发展远不是法的形式归属于某一部门即可，它的专门化程度反映的是近现代复杂的工商业文明与古代简单农业文明的对照。古代的确存在统治者利用律法对经济行为进行干预、调整、管控甚至国有化的现象，但是，其社会结构无法与近现代社会工业市场文明形成的复杂社会结构相比，其律法的有效性也无法与代议制政治制度下的立法有效性相比。近代资本主义法律体系创造了公私分明的立法框架，法律是在资产阶级民主代议制的基础上产生的，而古代社会的律法是君主或皇权的个人意志，其代表性、科学性、民主性都无法与近代相比。正是在这样的政治法律结构下，被分权后的政府在无奈的情况下才向议会寻求干预自由市场竞争的法律权力，因为机械唯物主义哲学指导下的以供需决定价格为原动力的自由市场竞争机制失灵了，它无法自我修复，而危机却不断加剧。因此，有针对性的专门立法出现了，它既要授权政府拯救市场，还要限制政府过度介入经济，这才是现代经济法的核心理念。古代经济法则只考虑实际需要，且以君主的个人意志为中心。二者既有相似之处，又存在本质的区别。近代法律按部门将法典分别制定，实体法与程序法分别立法，权利、义务清晰，维权诉讼渠道明确，政府权力职责法定、具体，立法技术上的严谨、细密、开明是古代法不可比拟的，而现代经济法是在这样一种高度发达的法治基础上出现的，与古代经济法区别很大。

经济法这个概念形成很晚，到了18世纪才被欧洲的空想社会主义者提出，不像民法、刑法、行政法等在古代就有相同或相似的概念，虽然在近现代在概念与形式、内容方面也发生了巨大的变化，但后世的人们很容易接受。经济法则不同，在古代尚未发现有相似的概念，只是在近现代社会中，在理性资本主义法治结构的思想框架中，由于国家的权力受到了法律的严格限制，而自由竞争行为又出现了大量失控的情形且给社会造成了巨大的危害，这时才出现了这一概念。古代社会中也有法律法规对经济行为进行干预、控制，它们都是在不怎么受控制的皇权或王权在治理社会时的正常需要下产生的，不存在分权政治结构下的国家权力，尤其是政府管理控制权受到严格的法律限制的情形。二者在形式上有相似之处，但在政治结构上也有本质的不同。形式上的相似之处就可能是古代经济法与现代经济法的联系。

现代经济法从产生开始就注定要走上一条艰难的发展道路。它不是一个简单的公法或私法概念，它与国家的统治方式息息相关。不管谁当政，都存在处理国家与市场的关系问题；无论交易市场多么简陋、落后，这种问题都会存在，只不过现代经济法是利用专业化、系统思维去立法，立法以专职的立法机构为主体，政府干预受到严格的法律授权，在被授权后可以行政命令或规定的方法干预经济，而在古代则是国家根据需要去干预经济，当局直接发布代表王权或皇权的规定，难以体现专业化、系统化的立法思维。对这个问题的深入认识则需要我们专门研究古代社会的经济法规范，大量的法律法规是揭开古代经济法与现代经济法联系和区别的重要基础，这一点是非常重要的。资本主义的法治是法律至上，无论什么样的利益集团，包括当局，必须在法律的范围内行事。而古代社会的法治是人治至上，法为辅助，皇权或王权意志很容易废掉成法。正是在这个基础上，资本主义的自由主义法治出现了问题以后，无法用人治的方法解决，只能用法治的思路创制出现代经济法。所以，现代经济法是资本主义自由、民主和市场革命发展到一定高度时出现的，是在国家权力职能有专业分工的基础上产生的，它既要干预或管理经济，又要依法对政府授权或限权。而古代经济法就是国家意志的体现，国家不会去限权，只是随心所欲地制定并颁行罢了。

二、全球化经济中的经济法

利用法律或政策来干预、调节经济的现象自古有之，时间、空间范围都很广，各种实例比比皆是，可是难以成为专门化、系统化的经济法。理解经济法的内涵，必须抓住资产阶级的本质。强大的资本主义市场文化主宰了近代的社会格局，自由竞争的公、私法文化也盛极一时，成为一个时代的思想主导。突然间出现了新的纠纷与矛盾，在很长时间内都无法用已有的法律结构化解，导致矛盾越积越深、越多。在严峻的现实面前，新的经济思想受到关注，直接影响了法律的革新。一定要理解资本主义在那个时代的厚重影响，否则，很难理解现代经济法的存在。中国法学界有观点认为，经济法部门在古代很多国家的法律体系中就客观存在，只不过现代国家出现了专门化、系统化的经济法法律，呈现为像19世纪初形成的清晰的、有专门的系统法典支撑的部门法结构。社会主义国家在计划经济时期也使用经济法的概念,甚至颁布经济法典。

经济法部门的清晰呈现、立法的专门化受社会主义思想和实践的影响。西方在19世纪初形成的法律体系是建立在资本主义私有制基础上的,与封建社会的私有制还不完全相同,与社会主义设计的公有制更加不同。而这套资本主义私权神圣原则下形成的法律体系影响力又巨大无比,治理国家的统治者很难绕过,怎么办?当资本主义自由竞争过度引起社会混乱,甚至大萧条时,统治者看到了社会主义法律思想和实践中的亮点,于是将其中适合于自己的法律元素植入原有的法律体系中,这样就清晰地呈现出新的部门特征。我们在论述以上内容时必须承认,法律部门的区分在古代就存在,只不过不是以法典分别设置为标志,而是以法律规范的客观存在为标志,演化到19世纪初以法典分门别类划分。这是一种高级划分形式,是社会分工在法律上的投影,也体现了统治者采纳更发达的法律方法来治理国家。

法律部门在古代就客观存在,这个观点经过求证后可以接受,但明确提出法律部门概念或思想却是另一码事,这就需要考证这一命题。侵权的概念最早出现在民事法律中,目前在民法中也最成体系,但是,并非有侵权规定的法律都属于民法,如行政法中就有侵权,刑法中也规定了侵权内容。有的学者将产品质量法、消费者权益保护法等均列入民法,这么讲的话,反垄断法、反不正当竞争法也应属于民法。扩大了讲,食品安全法、自然资源法类、能源法类、行业经营与管理法类等都属于民法范畴了,因为这些法中都存在民商事财产权利,都有可能被侵犯,这从逻辑上讲说不通。在民商法之外还存在着大量的经济、社会类立法,事实上,除了用经济法、社会法的概念来界定,我们已没有其他办法了。否认经济法部门存在的观点实际上陷入了法学逻辑的矛盾之中,既然愿意用法律部门的概念与思想来描述当代法律体系,那么,总不能说除传统的几个法律部门外其他单行的制定法都是各自独立的法律部门吧?那些数量不菲的单行制定法在历史上和当代都实实在在出现了,如果我们无法用法律部门的思想来给它们定性,说明法律部门这个范畴存在致命的逻辑。既然能够定位千百年来的法律现象，怎么就无法解释一百多年来的法律变化？

经济法体现出很强的经济政策性，有时直接以经济政策形式作为经济法的表现方式，虽然法的含义减弱了，但组织、管理、协调或干预经济的目标是非常明确的。这种政策性会表现出很强的目标性，就是为了解决某个或某类经济问题而有针对性地设定。这些法律有的成为较为固定的基本法，有的被废止，只在历史中留下了一丝痕迹。此外，在不同的历史时期和不同的国家与地区，所面临的经济事务不同，所面对的经济问题也不同。古代社会中这种问题常见，现代社会中也如此，只不过古代社会面临的经济事务没有近现代社会这么复杂、体量巨大、联系紧密、技术性极强、涉及面广。在现代社会，一个行为引发的影响力可能会大到产生灾难性的后果。因此，经济法在不同的国家、不同的历史时期可能会包含不同的内容。有的可能表现为法的形式不同，是统一法典或是单行立法；有的可能内容不同，因为社会面临的历史任务不同。但不同国家之间的经济法还是有很多共同性的，尤其是在德国和美国出现专门性经济法立法之后，例如竞争法、危机应对法等。

法与政策的关系在经济法中会有多样化的体现。在议会制国家，法总是立在先。有了法律，政府在管理、监督、干预经济时就有法可依。而在中国，政府经常先发布一些政策，如果需要再转变为法律，大量的经济政策并没有法的形式却有法的效力。经济法学的任务就是研究在中国社会主义市场经济运行中，国家宏观管理经济、监管市场和国有资本运营如何实现高度法治化。中国的社会主义走了一条特色之路，如今崛起的中国并不是虚假繁荣，经济结构内存在的矛盾也并不是不可调和，低效率逐渐被淘汰出局，更高要求的公平、正义和理性主义逐渐铺开。中国需要更加科学、有针对性的经济学理论和经济法理论来指导国家的深化改革，以实现国家、社会主义与市场经济的有力结合，为中国的崛起提供历史和当今的理论支持。由于现实需要，有一些经济法颁布时是以政府名义发布的经济政策，但法理上这些政策还应该转为立法机构的法律。

如果深入探讨，就可以发现，西方国家在三权分立政体建立后，立法主要成为议会的职权，政府主要依据议会的法律行政，变成了法律的执行机构。当国家干预的经济思想在德、美等国作为国策推行时，就越来越多地出现了立法授权政府干预、管理、协调（可能是从干预出发，逐渐又扩大到统制、管理、协调，不同历史时期需要不同）经济的职权，这种职权有时是立法中明确描述的，有时是政府通过制定行政法规或政策来体现的，但需经司法审查。有时政府职能过度扩张，就出现了经济政策代替法律的情况，这从实质上讲符合经济法基础，但可能超越了三权分立的严格界限，在程序上存在有违法理之处。而不推行三权分立的国家或不严格推行三权分立的国家更会经常出现以政府法规或政策代替法律的现象，这就需要经济法学者们依据法治原则从实体到程序研究这样做是否合理，这就需要论述和求证。这就体现了学术的特征，要提出假设或想法，然后用证据和事实、资料去求证，这更多地体现出学术研究的深度。

在全球化的今天，民族国家仍然是法律的基本单元结构，国家对经济的干预与市场职能的充分发挥成为各国经济发展中常见的现象。在国与国经贸关系日益密切的时代，国际经济法也变得更加重要。将各国获得的统一意志联系起来，建立起维护交易安全的国际经济法律体系势在必行。无论是区域化的，还是全球化的，这种趋势已经不可阻挡。国内经济法需要与国际经济法逐渐对接，形成更大的法律管控范围。2019年美国单方面对中国发动贸易战，导致经济霸权主义抬头，国际社会无可奈何。2018年3月20日美众议院提出《2018人工智能国家安全委员会法案》，以组织美国联邦政府应对AI威胁。3月22日，美国总统特朗普点燃中美贸易战，以中美贸易赤字失控为由，依据1974年《贸易法》第301条，对中国百余项商品征收达600亿美元的惩罚性关税。至2019年5月，贸易战升级。这就是美国国家干预主义在现代社会的"精彩表演"，利用国内经济法的手段保护美国单边利益，严重破坏了国际经济法的秩序。这就是我们看到的美国现代经济法最新的发展，它充满了重商主义的浓厚气味，可以与英国 19 世纪的谷物法和航海法、美国当年的"幼稚工业"保护政策媲美，却看不到自由主义竞争的光芒。

三、尝试揭开经济法的神秘面纱

在研究经济法基础理论的过程中，研究分析框架很有意义，它能够清晰地指导研究工作有计划地开展。

（1）要考察法律部门划分思想方法的科学性，分析其优点与缺陷。

（2）要区分古代经济法与现代经济法。

（3）分析经济法的构成。第一，国家干预中成为稳定的、一般国家都用的制定法；第二，国家干预中临时应急或阶段性的法律；第三，在不同国家和不同时代出现的制定法；第四，国家干预中渗入其他部门法的经济法条款与内容；第五，经济法的一般形式与特殊形式。

（4）经济法作为法的问题。有的法律法规或政策缺乏责任设计或归属，只有授权，缺乏职责与责任，有时候会以行政命令直接代替法律，这是有问题的。

（5）经济法的分类、基本分类与具体类型划分。要考虑类型划分的逻辑性、功能性和历史性，与其他部门交叉的要合理说明。

（6）在现在的经济社会，分工已经变得相当细致，而且管理也越来越细致，各种法律不断增多，我们不能再用简单的六法架构来概括，必须细细梳理。

（7）经济法的很多制度是国家主义对经济新制度的创设，是对原有制度的调整，以便顺利解决新出现的问题，例如用国家意志来调节经济结构，引导经济行为等，如税收、财政、货币等领域，需要进一步梳理，找出其中的法律统一性。

（8）经济生活原来主要由私法调整，由于出现了国家干预，现在产生的这些现象必须与私法相协调，国家的各种机构或者在公法上以公权的形式介入，或者将公法主体改造为私法主体，原来只适用于公法的行为现在却要生硬地挤入私法，公私法出现交融，不断互相渗透、影响，这就是私法公法化或公法私法化的现象。

这种现象应当在每一部经济法制定法中都有所体现，我们应尝试归纳、概括。沿着这样一条研究路径走下去，经济法基础理论研究将会获得更扎实的方法与内容积累。借助以上分析框架，可以穿过厚厚的历史云雾，逐渐看清经济法的本来面目。历史上靠商业发达的资产阶级在发展过程中形成了自己的独立性，在开拓世界殖民贸易的过程中逐渐形成了无政府主义的自由价值观。从葡萄牙、西班牙地理大发现与对外殖民的经验来看，商人仍然离不开民族主义国家的支持，否则就会成为无源之水，很快断流。英、法在王权的支持下迅速崛起，并最终击垮了王权。在资产阶级国家对外继续殖民时，自由贸易主义就成为开路先锋。当无政府主义支撑的自由主义泛滥成灾时，国家主义的思想必然回归。美国的崛起依靠了贸易保护主义，至今它还在耍贸易保护主义的把戏，这是历史惯用的伎俩。德国从马克思和李斯特的思想中看到了资本主义崛起的真实秘密，因此很早就开始践行国家主义法观念，并最早创制了现代经济法与社会法。日本一直追随这种观念，至今在世界上仍然充满了经济竞争力。自由主义与国家主义成为资本主义历史上发展的两大支柱，缺一不可，现代经济法的本质就包藏在其间，只需要我们挖掘出来即可。

第十六章 中国的改革开放与经济法的世纪难题

本章摘要

首先，本章阐述了法律的出现及经济法部门的产生；其次，描述了经济法很难被认同为经济法学的争议和原因；再次，通过对中国的改革历史进行系统的梳理来描述经济法目前所处的艰难地位；最后，通过对比经济法的历史和逻辑来阐述接下来的研究思路和方法，以此奠定经济法在中国的地位，对经济法的理论发展历史及前景进行整体描述，以逐渐揭开经济法的面纱，使经济法部门的理论更加完善和扎实。

一、改革开放与法律的伴生

20世纪70年代末，在西方世界自由主义经济又抬头时，中国也缓缓拉开了商品主义思想影响下的经济机制的改革大幕。在开放的序幕中，最先推出的就是经济法。因为要进行社会主义商品经济体制的建设，亟须引进西方发达国家的资本与技术，但是西方人最熟悉的规则就是法律，这是从古罗马时期就传承下来的习惯。于是中国制定了1979年的《中外合资经营企业法》。按照西方的立法传统，这就是一部特别商法的大杂烩，里面均是关于有限公司章程、经营合同与双方权利和义务的规定，可是这部法律在中国却很特殊，因为合资的一方是国营企业，对于股权转让的审批要求也不是传统商法所具有的,这一点就使该法具有经济法性质。

伴随着改革开放的大潮,各部门法律以保驾护航的姿态纷纷登上历史舞台。经济合同法、商标法、专利法、民法、破产法、企业法等逐步出台,用法律的概念塑造着中国商品市场的形态。"一大二公"体制导致商品流通体制构建的难度极大,人们对自由贸易既陌生又恐惧。1992年开启的社会主义市场经济改革再次撼动着中国计划经济的根基,打破"三铁"("铁饭碗""铁工资""铁交椅")成为破冰之旅的标志。保护市场的基本经济法被引入,反不正当竞争法、消费者权益保护法、产品质量法、中央银行法、外汇法等不断出台,2010年中国政府宣布初步建立了社会主义市场经济的法律体系。在构建法律体系的过程中,经济法成为非常重要的组成部分,在中国的市场化浪潮中起着越来越重要的保护作用。

二、争议中的经济法与经济法学

从1979年开始,经济法学被中国法学界和教育界定为学科,国家层面开始培养大批的人才专门研究经济法。搞经济体制改革,需要在经济领域确立很多法律,而这些法律又与传统的民商法、行政法有所不同,因此寻根溯源找到了经济法理论。此后,长时间、大范围的研究、教学开始了。但是,理论上的准备与积累却严重不足,这种先天的缺陷导致日后经济法学发展道路坎坷,这种状态一直持续到今天。由于讲不清经济法原理,导致大量的民商法以外的与经济相关的法律无法在大陆法系的法体系中定位,造成了认识上的混乱。要细致梳理经济法的原理,否则,理论站不住脚,无法指导实践,也是一件很痛苦的事情。国家与政府管控社会的手段有很多种,法律只是其中的一种。法律可以折射出时代性特征,但需要法学家深刻解读。法律学人如果不能领会法律中包含的时代背景特征,就无法理解法律中规定的制度的意义,而这一切就是法学家和法学教育的任务。先不急于创制经济法完整的体系，因为这种法律的出现很突然，在法学理论上尚缺乏足够的准备，它的出现是历史的真实写照，而不是逻辑的推演，人们不可能马上就概括出它的完整体系。应该根据历史的真实轨迹去研究经济法的产生、发展过程，要在一个开放的、有包容思维的状态下展开。很多法律的出现并不一定能被囊括到统一逻辑体系下，但因国家干预市场的需要它就出现了，在体系上也许互相并列，也许存在很强的逻辑联系，也许互相之间没有什么联系，历史就让它们都出现了。这就是研究经济法的客观态度。要以发展的眼光认识经济法，而不是急功近利，人为地概括出一个似乎完整的经济法体系，那是形而上学的思维方式。经济法使几代人陷入迷茫，无法自圆其说。欧洲与日本似乎能在法律体系中为经济法注入理论，但注定要受到质疑。由于经济法的理论基础明显受到了历史主义学派、社会主义思想和改良的政治经济学的影响，超出了原来法律理论的范畴，再加上解决现实问题的现实主义需求，经济法的背景就愈加复杂了。

经济法基础理论研究最大的突破之一就是解释清楚为什么会在德国和美国出现这种专门立法，而现在本书用历史证据考证经济法逻辑，以求脚跟站得越来越稳，然后沿着这种思路不断深入下去。只要解释清楚当年德国和美国出现的现代经济法是怎么回事，按照经济法的产生规律分析其发展路径，包括在不同国家的发展和不同时代出现的相应立法，就可以初步完成经济法原理的构思。在此基础上，逐步分析每一类经济法立法和每一部经济法专门化立法的发展轨迹，揭示经济法发展的一般规律，然后再研究经济法的内在结构，探究各部分的逻辑联系，最后论述体系的特点，这样就有可能在争议中拨云见日。

对经济法的研究须穿过重重迷雾，逐渐发现其立法现代化的历史缘由。由于其属于国家治理经济的基本范畴、基本政策，因此牵涉的知识面很宽也很深，必须拨云才能见日。此为一项复杂的法学思想系统工程，不下苦功挖掘、寻找路径，难以有所收获。此外，因其属于基础研究，经常不被重视，人们更喜欢研究实际经济法问题，它们有针对性，而且没有经济法基础理论这种被层层迷雾笼罩的复杂情形。这就更需要有人付出。西方自由民主革命成功后建立了严格的分权法治模式，整个国家的政治经济权力被牢牢固定在法律框架中，彻底摧毁了皇权的法律基础，构建了最初私法至上、公法限权的统治模式。但是，当资本主义社会的政治经济格局日益复杂时，原来的法律体系无法满足统治和管控社会的现实要求，因此，必须加强国家的意志与力量，但这只能在原来的法律框架基础上发展，而不是废弃几百年来积累的资本主义的法律基础，同时又不得不把国家的力量放入市场及社会中。因此，必须创制新的专门化立法与原来的法律部门衔接，以达到稳定和有序的变革。这种新创制的专门化立法被议会通过后，就成为国家力量更多地介入社会经济生活的开端，史称经济法和社会法。西方发达经济体并不十分愿意承认今天取得的伟大文明与经济法有太多关系，这是因为，如果明确承认了，就离不开社会主义理论和实践的帮助，而这对自由市场观念、民主政治观念、西方法治观念都是一个打击。

三、改革中的中国与中国经济法

中国的计划经济体制在 20 世纪 70 年代走到了尽头。1978 年十一届三中全会拉开了改革开放的大幕，首先在农村实行联产承包制，改革生产关系，解放被捆绑的生产力，很快就掀起了一场经济大潮。紧接着开启了计划经济体制改革，国营企业的激励机制激活了人们的生产积极性。由于改革中价格"双轨制"的存在，权力和关系成为盈利的核心。经济自由的出现伴随着权力的任性与自由，这就要寻求市场发达国家的经验。人们发现，法治是市场经济的基本保障，西方的崛起靠的就是这条铁律。于是，在掀起市场化改革的过程中，中国的法治建设也在艰难地行进着。但是，"文革"十年将法治的基础摧毁殆尽，一切都充满了艰难险阻。

1992年中共"十四大"提出了社会主义市场经济体制改革的政治目标，经济自由化改革的速度加快，程度开始加深，计划经济体制正式被放弃，各个领域的自由市场逐渐被构建起来。艰难的改革一直持续到21世纪，过去由组织安排一切的固定生活模式被彻底打破，社会各个领域朝着竞争化、市场化模式挺进。

改革开放成就了中国的现代化梦想，中国的经济成就举世瞩目，震惊世界。可是，由于法治建设的滞后，对公权力滥用的监管滞后，中国市场化改革的步伐受到阻碍。现代经济法源于西方，很多核心的思想与原理却来自社会主义理论，我们应当充分发挥经济法的这种功能，在努力构建基本交易秩序和财产法律的同时，在授权政府干预经济的同时也明确限权的内容，这种功能只有在经济法的理论体系内才能充分体现。在制定某一个领域的行业管理法或监管法之时，明确设定政府的监管职责与违法的具体责任，包括具体负责人的法律责任，充分发挥法治的功能，明确由监察委或法院来解决。这样经济法就真正名副其实了，其原理与立法实践更加一致了，而且也进一步体现了中国经济法的特色。中国的经济法学研究更应该多关注并设计如何在立法中监督经济权力滥用，如何用细致的法律条文体现政府干预、监管与市场自由竞争的协调关系，这说明经济法学大有用武之地，而不是存还是废的问题，而且更加体现了经济法学的理论特色。经济法学面对的现象确实复杂，但是这门科学绝不是可有可无，它对世界法治的发展做出了巨大的贡献，也必然为中国的法制现代化做出巨大的贡献。

四、中国经济法研究的困惑与解析

我在研究经济法时发现了一些历史和逻辑上不一致的地方，需要深入研究，故而继续归纳了研究、学习经济法的几点基本思路，以便梳理思路，推进下一步的研究。

现代经济法首先表现为在私法自治、契约自由盛行之时，德国和美国在崛起之时出现了国家干预经济的立法，这些法律是为了促进后进资本主义国家尽快追赶英、法而制定的，"现代"二字的圈定非常重要。其次是发展起来后，美国产生严重的经济垄断问题，于是出台了反垄断法，这是在已有干预立法的基础上再启动干预经济立法，用法律控制垄断对社会经济秩序的危害。德国发展起来后，为了与老牌资本主义国家竞争，在第一次世界大战前和战争期间制定了一系列经济法，以促进德国的迅猛强大。经济法的概念被明确提出来，有一批制定法被明确界定为经济法，经济法学研究成形，成为一个学科。再次，在经济法概念明确提出后，经济法部门逐渐被描画出来，以这个标准即国家干预或管理、控制经济来定性经济法，可以在古代社会中和重商主义时代发现很多经济法或经济法规范。只是在资本主义经历了自由、民主革命后，经过很长时间的法治自由，国家的经济职能大大减弱，此时的国家干预实属不易，难度也很大，受到市场中坚力量的资产阶级的很大牵制，不像王权时代很容易通过立法干预或管理经济，包括国家财富的分配，例如税法。因此，古代的经济法与现代的经济法既有形式上的相近之处，也有本质上的巨大差别。第四，有了一批独立的经济法制定法后，在其他法律部门的立法中也出现了很多监管制度，这就需要合理处理经济法与这些法律部门的关系，否则对法律行为的定性就混乱了。如过去商法中只有一些商事习惯的一般规定，现在却制定了单独的制定法，还包含了监管制度和其他以往商事习惯中没有的新兴制度，如会计法、证券法等。第五，国有化、国营化法律规定属于经济法范畴。比如国有化或国营化后的企业法，关于国有化或国营化的行业经济制度等。第六，现代经济法具有极强的可诉性。如果行政干预或监管超越法定权限，使市场竞争主体权益受损，可通过现代行政法规定的诉讼方式得到救济，这是古代的经济法不具备的。第七，经济法体现的特点就是国家用法律手段对经济的管理、干预、控制、调整等，我们以这个标准去寻找符合条件的古代经济法，也以这个标准去概括已有的现代经济法，再以这个标准去发展新的经济法。第八，经济法学是专门研究经济法的学科，要研究其发展规律。经济法的现象异常复杂，从概念被提出，到各国实践，经济法经历了诸多的被怀疑和被否定的命运，它不是一被归纳出来就成形了，而是经历了各种波折，表现出很多种方式与形态。经济法学就是要研究这些东西，梳理出原理性、规律性的知识，用以解读和指导经济法的不断发展。历史的发展充满了曲折，既有人们预期的内容，也有预料外的不特定因素，只能以史为鉴，同时跟进与时俱进的思考，否则就会犯经验主义错误。思维的力量就是学习经验，用练就的思考能力指导下一步的行动。

五、科学主义与中国经济法学

法学属于经验主义与实证主义的社会科学，既然是一门科学，就要有历史的研究基础。在资产阶级建立民族国家的时候，要建立一套保护资本主义私有制的法律，因此私法体系很快发达起来。但是过度自私的法律体系在维护资本家利益的同时，却严重地损害了社会大众的利益，而当时主张保护社会大众利益的思想主要来源于社会主义者的理论，因此，利用国家的法律力量保护社会大众的利益以维持社会均衡就成为一些资本主义国家的选择，逐渐就出现了现代经济法和社会法。而在古代社会中，无论是奴隶主私有制，还是封建主私有制，都没有像资本主义私有制那么发达、完善，市场贸易、工业技术都无法与资本主义时代相比。尤其是工业革命之后，各种开拓市场的经济竞争行为无比疯狂，对社会的危害程度是农业时代的奴隶制和封建制无法比拟的，因此，古代经济法虽然也包含着国家干预经济的基本含义，但无法与社会主义理论提供的思想相比，对社会大众的保护程度也无法相比。经济法学要研究这种历史的必然性，无论是经验还是实证都可以表明现代经济法产生的必然性，这是对资本主义民族国家早期法律体系研究后的一种深刻认识，无论是借助经济学的思想研究，还是借助历史学的思想研究，都可以观察到经济法学的科学基础。

科学主义在近代产生时首先表现为在具体的事务中进行教育与思考。"17 世纪伟大的德国思想家莱布尼茨也常提到这种新的信念。他甚至宣称，德国文化的特性之一，就是对于现实世界的偏好：'我愿向意大利人和法国人，向立奥十世和弗朗索瓦一世致敬，感谢他们恢复了人文科学，但有一个前提，他们本身也认识到，处理现实的学问几乎无一例外地肇始于德国。'一场运动就这样形成了，并且在 18 世纪中期左右，随着第一批实验学校的创立而达到顶峰。"[1] 经济法学就是在法学家们处理现实问题时产生的。在法国带动下各资本主义国家纷纷构建了发达的法律体系，充分服务于资本主义工商业的发展。但是，当出现了过度竞争的情况时，这个发达的法律体系就束手无策了。法学家们必须面对这些新的现实问题思考对策，借鉴社会主义思想和李斯特经济学思想作为基础就成为有价值的选择，从社会主义者设计的法律理论中汲取精华就顺理成章，一种既解决现实问题又性质独特的专门化法律就诞生了，对这种法律进行解释与定位就势在必行。科学主义促成了经济法学的诞生，这门学科就在研究具体、复杂的问题的过程中发展起来了。

马克思在《关于费尔巴哈的提纲》中指出，哲学家们只是用不同的方式解释世界，而问题在于改变世界。这是唯物论的基本论断，经济法学就是在现代经济法改变世界的过程中产生的，中国的经济法学也是这样的。马克思主义的俄国化、中国化都是理论发展的必然，社会主义理论、李斯特思想、汉密尔顿思想在德国和美国的经济法化也是理论发展的必然，知识与原理要在现实中灵活运用才会产生作用，否则就会出现刻板、机械的认识，起到反作用。中国的经济法在支持中国市场化过程中不断起着重要的作用，中国的经济法学也必然在这样的科学主义土壤上发展出完善的理论体系。经济法学面对的研究对象非常复杂，但复杂不等于没有，复杂的研究对象需要漫长的

---

1. （法）涂尔干. 教育思想的演进 [M]. 李康，译. 北京：商务印书馆，2016：420–421.

时间、耐心的观察、深入的思考、前赴后继的坚持，一代又一代经济法人的智慧才可能将这个复杂的命题解开，这就是科学主义精神支持下的中国经济法学。

经济学，尤其是西方经济学，在西方社会主流思想形成的过程中影响力巨大，但是，它毕竟只是一个观察角度，是一种研究框架，不可能取代法学。法学的各科不断成长壮大，对法的研究鞭辟入里，对法的现代化起到了非常关键的作用，经济法学也是在这样的历史环境中不断影响着经济法的演变。有一段关于大学理论教育价值的描述能够非常恰当地体现经济法和经济法学的处境："大学让人们做好准备的那些职责，特点就在于都不是单凭机械训练就能够掌握的，而是需要理论的训练，实际上，这正是它们的根本所在……要想能够履行这些职业，单单掌握技术技能是不够的，还必须知道怎样去思考、判断和推理。思考能力、思辨能力要发展到相当的程度，这是必不可少的。这是因为，在所有这些领域里，实践都过于复杂，依赖的因素太多，有太多难以确定的背景状况，以致不可能成为某种机械的、本能的活动。必须依靠思考来指引它所采取的每一个步骤。"[1] 这是对理论和它所指导的实践的关系的一种描述，经济法的情况与此极其类似，其实践情况在历史上与现代社会差别很大。在现代社会，各个国家的情况也极其复杂，但这又是人类社会客观存在的法律现象，因此，需要在大学中受过法学训练的专业人士经过专业的思考与思辨，不断创制出有价值的经济法学理论，以指导其实践的发展，包括职业需要。

国王贵族们所面对的经济社会与资本家们所面对的完全不一样。国王贵族们倚重土地，依靠农民作为财政支柱，而资本家依靠的是商业和工业，资本是国家的支柱。历史的背景不同，所需要的经济法也是不同的。资本主义社会在 19 世纪的发展中创造出了科学主义的教育思想和方式，因此，现代经济法和经济法学是建立在科学主义和现代民主、法治的思想原则基础上

---

[1]（法）涂尔干. 教育思想的演进 [M]. 李康，译. 北京：商务印书馆，2016：460.

的，这是古代社会无法比拟的。资本主义工业革命和政治革命带来的观念上的巨变也是古代社会不可企及的，所以经济法的研究是一件极其复杂的思想工作，需要大量的专业人士不断努力，投入智慧。

六、任重道远的中国经济法学

我们一直在研究西方经济法中国家干预为中心的经济法理论，重点研究政府干预经济的法律理论与实践，但是在中国，存在着司法干预经济的现象，这应该成为中国经济法的研究内容，是我们中国经济法学按照经济法基本理论与中国实践相结合应有的时代课题。

目前学术界与法律实务界须紧密结合，详细调查研究滥用司法权力干预经济纠纷的实际情况，真实统计与概括这种干预面临的严峻形势，评估这种权力滥用行为给正常的市场竞争造成的危害后果。经济法的本质是国家干预或协调经济的法律，既包括立法，也包括司法和执法，各国情况也许不同。中国目前存在司法不当干预的情形，这是西方经济法很少有过的经历，但是现在却摆在了中国经济法学面前。经济法学要从理论上予以研究，例如刑民交叉案件中对司法行为的评价，它不仅仅要符合刑事与民事法律规定的基本制度，还要评估滥用权力干预造成的经济危害与后果，考虑全面矫正的问题。如果能专门立法的，可以考虑专门立法；如果条件不够，可以考虑在司法政策中予以体现。政府干预经济需要国家立法予以调整，司法干预经济也同样要求国家立法。

经济法原理体现的就是，当市场竞争可以实现激励、促进繁荣时，市场机制就是良好的选择。当市场竞争受到各种阻力，无法实现公平竞争时，国家就要运用法律予以矫正。西方的现代经济法的出现是为了用法治原则弥补放任自由的资本主义竞争机制的缺陷，而中国的经济法也应当弥补社会主义市场经济机制中公权力过于随意的不足，这就是经济法原理的深刻体现。还有很多其他的问题，例如公共信用平台的构建问题，民营企业投资方向引导与支持的问题……民营资本与国企、政府合作经营的法律问题，很多问题都是当前法院无法解决的，只能靠国家干预。可以考虑开展经济法学角度的研究，使经济法学理论在中国法治社会建设中起到越来越重要的作用。

在西方的历史上，在教权与皇权之间生存着一个不断壮大的商人阶级，最后发展成一支独立的政治力量，主宰了政治舞台，将资产阶级所需要的自由、民主、法治等思想贯彻在资产阶级国家中，但是过度的商业哲学引发了社会灾难，而经济法帮助他们扶正了道路，矫正了方向。中国历史上只有依附于皇权的商人阶层，具有依附性与被动性。在市场化的今天，民营资本与民营企业需要像当年的德国与美国一样，由国家来扶持壮大，由国家用法律来保护，免受外资、国企、政府、司法力量的随意侵犯，等它们壮大起来后，用法律合理地保护它们的财产与经营权，保护企业家的人身权。制度经济学中所讲的产权环境体现在法律中就有经济法。市场经济的构成离不开数量庞大的民营经济，它们与国有企业共同构成中国的经济支柱，这就是中国市场经济的未来方向。西方人引以为豪的罗马法文化并非西方人的专利，中国人照样可以将其发扬光大。文化是互相学习的，不是谁可以私自垄断的。

论证经济法存在的合理性与内容构成是一场历经了百年的学术活动，是一个非常严肃的科学命题，需要科学的研究态度与方法。有些法律人张口闭口说经济法是不存在的，是伪命题，却严重缺乏系统深刻的论证，这样的态度过于轻率。如果真的反对经济法部门的存在，可以严肃论证，否则是没有说服力的。

经济法在中国落地生根与发展必然受到中国历史文化与中国国情的深刻影响，当然也取法德、日、美、法及苏联、东欧。法律是社会科学的范畴，需要考虑很多人文因素，如历史、文化、传统、国情、道德标准、习俗等，只有这样，才可能使制度的移植取得成功，否则就会前功尽弃。橘生淮南为橘，生淮北为枳。植物移植尚且如此，更不用说社会制度的移植了。

作为一个社会科学的门类，经济法学有着雄厚的历史和逻辑基础，是一种真正的智识。作为一种法律的历史现象，由于其演变的过程极为复杂，涉及的影响因素有很多，无法短时间内就将这些演变规律掌握是可以理解的，但是其历史背景是清晰的，思想基础是扎实的，逻辑结构是稳定的，其研究对象是明确的。要辩证地看问题，从发展、变化的角度看经济法学的研究对象，同时也包括经济法的调整对象。大量的社会现象有了一定的稳定特质后，就有可能成为一种社会科学的门类。经济法就更不一样了，它是世界范围的一种法律现象，作为部门古代就存在，历史悠久，思想源远流长，只是在近代和现代，法的表现形式发生了巨大的变化。国家干预、协调经济的稳定特质使经济法立于法律部门体系中。

经济法的神秘面纱应该可以逐渐揭开了。我们是公开学习、宣扬、运用马克思主义理论，并把这种理论与我们的具体国情和实践结合起来，我们毫不隐瞒自己的共产主义理想与信仰，并将这种理想尽量与现实贴近，尽量与人类的本性相协调，逐步去除空想与浮夸的成分，让我们的法律与政治根基稳固，让集体主义与个人主义统一在社会生活原则中。但是资本主义不是这样，他们学习了社会主义理论，借鉴了马克思主义理论中的精髓，但从不承认，更不宣传，也不标明，一切都是在暗中实施。他们将资本主义的一切东西都分类包装，明码标价，但从来没有给马克思主义理论和社会主义经验留一点余地。现代经济法就是这样产生的，一切都是悄无声无息地进行的，社会主义理论和马克思主义理论中的合理内核被资本主义的法律吸收了，改造出了现代的经济法，但是在他们的研究理论中从未说明，就像抄袭别人的文章、思想从不标明出处一样，以为这样就了无痕迹，不会有人发现。但是，历史是可以考证研究的，一切都可以通过证据被还原出来。

经济法中包含有浓厚的社会主义思想和马克思主义哲学，它们被改头换面硬塞到资本主义的经济理论和法律实践中，由于掩盖得太深，创制者们也并不公开宣扬，因此无法传授后人，以至于现代经济法产生的理论背景和实践基础被模糊，留下了一些，掩埋了一些，导致现在残缺不全，成为世纪谜题，让人们百年来困惑，争执不休，心气难平。这种现状应该休矣。英国在重商主义思想的帮助下，经济逐渐强大起来，但它却抛弃了重商主义，宣扬普世的自由主义价值观，似乎英国从来就没有过重商主义，没有过国家干预经济的历史。美国人学习了汉密尔顿和李斯特的思想，却很少提到他们在制定现代经济法中的功劳，甚至史料中都不做记载。德国人学习了社会主义理论、马克思主义和李斯特思想，却只字不提，让人们更是看不到这些伟大的思想在历史上是如何最早塑造现代经济法的。不仅社会主义、马克思主义理论的影响被抹杀，连反对社会主义思想的李斯特的理论也被扔到被历史遗忘的角落。自由主义思想的横空出世自有其历史进步性，但它如果不是在社会主义与马克思主义思想和李斯特与汉密尔顿思想的帮助与改造下，可能早就一命呜呼了。这种缺乏历史职业道德的选择哲学观是片面的，是伪命题，应该遭到猛烈批判并被抛弃，这样才能恢复经济法理论基础的真实历史面貌。

社会主义理论和马克思主义理论在当代的经济法中以明暗两条线索存在。社会主义国家明确指出这些理论对本国法律的指导作用和意义，并能在法律体系和部门中体现社会主义和马克思主义原则，例如公有制、国有化、集体主义精神、社会本位等。资本主义国家虽然没有明确说明这些理论的影响和价值，但是这些原则也经常出现在资本主义国家的法律体系中。虽然它们不承认也不宣扬这些思想来源于社会主义理论和马克思主义哲学，但是历史的痕迹却无法抹掉。虽然现代经济法的产生也有资本主义国家的思想家的影响与指导，但社会主义和马克思主义理论的影响永远难以否认。将法律的发展历史孤立起来，自成一体，不与理论、事件、政治、经济等重要因素联系，就会产生形而上学的片面认识，就无法解释清楚现代经济法为什么能够出现在自由竞争思想盛行、私法观念发达、资产阶级势力强大的德国与美国。

法律是政治统治的工具，是受多种因素影响而产生的。我们在研究法律时就要考虑这个基本性质，不能望文生义、机械刻板地去理解，那样就会脱离历史和逻辑的本意。法律部门的划分理论已经根深蒂固，深深地刻印在人们的脑子里，全面地影响着法治社会的人们，尤其是那些法律人。但是，这个理论的概况并不是很清晰，存在着太多的不完善之处，矛盾与困惑时时萦绕着人们，这就需要使用者一边运用一边发现存在的问题，然后去完善。理论就是这样被一代又一代的人们充实完善的。千万不要陷入理论静止观，认为理论一旦形成就停止不前了，那是形而上学的认识论，应当抛弃。